Inhalt

Teil 3 Wege zur Veränderung

Teil 1
Tragödie vor unserer Haustür

1. Die rebellische Swera und andere erschreckende Beispiele

Zögernd betreten die Eltern die Polizeiwache. Sie setzen sich nicht. Als die Tochter hereingebracht wird, geht der Vater auf sie zu und umarmt sie. Im Hintergrund weint die Mutter. Das erstaunt die Beamten, die eigentlich eher zornige Eltern erwartet hätten. Schließlich war ihre Sechzehnjährige an dem Tag beim Klauen erwischt worden. Warum weisen die Eltern ihre Tochter nicht zurecht? So fragen sich die Polizisten. Ist das echte Liebe oder eine Show? Das wüssten sie gerne. Tatsächlich liegen sie richtig mit ihrer Vermutung, dass da etwas nicht stimmen kann. Schon seit Langem vergiftet nämlich ein schlimmer Konflikt zwischen den Eltern und ihrer ältesten Tochter das Leben der sonst ruhigen Familie. Der Auslöser ist der Kulturunterschied. Swera[1] lebt zunehmend und ziemlich hemmungslos gemäß den Vorstellungen der westlichen Denkweise. Dabei kümmert sie sich immer weniger um die Erwartungen ihrer konservativen pakistanischen Eltern. Ein paar Wochen zuvor ist sie sogar von zu Hause ausgerissen und bei ihrem schweizerischen Freund eingezogen.

Vor diesem Hintergrund erscheint ihnen das Treffen auf der Wache wie eine Gelegenheit zur Versöhnung. Die Beamten haben die Eltern gerufen, um Swera zu helfen, und sie dürfen sie nach Hause mitnehmen. Wahrscheinlich bereuten die Polizisten dies später. Aber

---

[1] Alle in diesem Buch erwähnten Beispiele sind authentisch. Personennamen werden unverändert wiedergegeben. Personen aus dem persönlichen Umfeld des Verfassers sind ohne Namensangabe erwähnt. Zur Verfremdung wurden einzig Orts- und Ländernamen abgeändert.

mit dem, was anschließend passiert, hätten sie nicht einmal in ihren schlimmsten Albträumen gerechnet. Nur eine Stunde später erschlägt der Vater seine Tochter auf grausamste Art mit einer Axt[2].

Dieses furchtbare Ereignis geschah im Juni 2010. Nicht irgendwo auf der Welt, sondern in Zürich. Da, wo ich mit meiner Familie lebe. Wir waren alle zutiefst schockiert. Wieso kam es zu dieser schrecklichen Tat? Nicht, dass Generationskonflikte oder Verbrechen für uns etwas Neues gewesen wären. Aber ein Mord an der eigenen Tochter? Unvorstellbar, dass jemand, der nicht geisteskrank ist, auch nur auf den Gedanken kommen könnte, sein eigenes Kind zu ermorden. So dachten wir. Wie kann man ausgerechnet das eigene Fleisch und Blut umbringen, für das man die besten Jahre seines Lebens geopfert hat? Das konnten wir mit dem besten Willen nicht nachvollziehen.

Hat der Vater aus dem Affekt oder in überlegter Art und Weise aus tiefer Überzeugung so gehandelt? Gemäß den vorliegenden Berichten war er nicht geisteskrank. Er hasste auch seine Familie nicht. Im Gegenteil, die Nachbarn beschrieben ihn als freundlichen, seriösen und hart arbeitenden Mann, der dafür bekannt war, alles für seine Familie zu tun. Er war so ziemlich das Gegenteil von dem, was man sich unter einem Verbrecher vorstellt. Jenes Verbrechen an seiner eigenen Tochter war ein großes Rätsel. Um dieses zu erklären, benutzten die Zeitungen einen Begriff, der für viele Zeitgenossen exotisch klang. Sie nannten die Tat des Vaters einen *Ehrenmord*[3].

Wir waren nicht wenig erstaunt, als wir erfuhren, dass dieser Albtraum, den wir in Zürich erlebt hatten, kein Einzelfall sei. Es handle sich vielmehr um einen typischen Ehrenmord, und dieses Phänomen gebe es weltweit[4]. Unzählige Väter, Brüder und Onkel hätten

---

[2] http://goo.gl/DG51r2

[3] Amnesty International beschreibt die Ehrenmordproblematik unter: http://goo.gl/sdJzS

[4] Eine detaillierte Dokumentation zu Ehrenmorden in Deutschland findet sich unter http://www.ehrenmord.de/doku/doku.php

schon derartige Morde begangen. Die Statistiken der UNO beziffern sie offiziell jährlich mit etwa 5000. Tatsächlich müssten es noch viel mehr sein. Die Dunkelziffer sei hoch. Viele Ehrenmorde werden nämlich als Unfall oder Selbstmord getarnt. Schätzungen zufolge, die man im Internet findet, könnte die wirkliche Zahl der weltweiten Ehrenmorde sogar bis zu 100 000 jährlich sein[5]. Es wurde uns berichtet, dass in manchen Ländern derartige Tötungen sozusagen ein allgemein anerkannter Teil der Kultur seien. Dort fände es die Mehrheit der Bürger in Ordnung, dass ungehorsame Frauen von ihren Familien getötet werden. Und die Täter würden größtenteils nicht oder nur leicht bestraft.

Viele Schweizer trauten ihren Ohren nicht. Es wäre ihnen lieber gewesen, wenn es sich herausgestellt hätte, dass Sweras Vater ein Einzelfall gewesen sei, ein Verrückter, ein Fanatiker oder doch wenigstens ein Schizophrener. Aber zu hören, dass es viele Kulturen mit Millionen von Menschen gibt, in denen die Menschen einen solchen Mord gut finden, erschien ihnen unglaublich. Nicht wenige waren nach diesem Ereignis fassungslos und tief schockiert.

Sweras Freund wurde von der Familie nicht zur Beerdigung zugelassen. Die Reporter, welche über den Fall schrieben, entrüsteten sich darüber. Er sei Swera doch innerlich am nächsten gestanden und hätte einen Rechtsanspruch, sich ein letztes Mal zu verabschieden, erklärten sie. Stattdessen hätte man diejenigen von der Beerdigung ausschließen sollen, die ihren Tod herbeigeführt hatten. Die Zürcher Zeitungen interviewten Fachleute, die in vermittelndem Sinne den kulturellen Hintergrund dieses Denkens erläutern konnten. Diese erklärten, dass Sweras Freund in den Augen ihrer Familie als ehrlos gelte, weil er sich, ohne die Ehe zu schließen, mit ihr eingelassen habe. In den Augen der konservativen Familie gelte er zudem als der Schuldige an der ganzen Tragödie.[6] Sie hätten seine Gegenwart bei der

---

5 Siehe dazu unter: www.ehrenmord.de/faq/wieviele
6 Interview mit Saida Keller-Messahli im „Blick" vom 24.5.2010.

Beerdigung als Provokation empfunden. Übrigens habe auch Sweras Mutter nicht an der Beerdigung teilgenommen, da Frauen bei streng islamischen Beerdigungen prinzipiell nicht zugelassen seien. Die Kenner der Kultur erklärten sogar, es sei ein Fehler der Schweizer Behörden gewesen, die Organisation jener Beerdigung Sweras Familie zu überlassen. Stattdessen hätten sie diese selbst übernehmen und alle dazu einladen müssen, die zu ihren Lebzeiten emotional mit Swera verbunden waren.

Mich überraschten die Ereignisse rund um Sweras Ermordung nicht in gleichem Maße, weil ich schon oft mal von Ehrenmorden gehört hatte. Seitdem ich mehrere Jahre im Nahen Osten verbracht hatte, pflegte ich regelmäßige Kontakte zu vielen Arabern. Und doch wurde mir plötzlich klar, dass ich die Hintergründe dieser Morde selber auch noch zu wenig verstand. Ich hatte auf viele Fragen meiner Freunde keine hilfreiche Antwort. Weil ich erkannte, dass man womöglich zahlreiche Menschenleben retten könnte, wenn man die Hintergründe der Ehrenmorde verstehen würde, war ich sehr motiviert, mich genauer damit auseinanderzusetzen.

Meine Gesprächspartner wollten wissen, was für eine Kultur dies sei, die Väter dazu bringt, ihre eigenen Töchter zu ermorden und die Schuld an dieser Tat anderen anzuhängen. Sie wunderten sich über die Vorstellung, wehrlose Menschen umzubringen sei eine ehrenhafte Tat. Auch die Tatsache, dass die eigene Mutter von der Beerdigung ausgeschlossen wurde, stieß auf großes Unverständnis. Die Frage, die immer wieder auftauchte, war: Ist der Islam an den Ehrenmorden schuld oder handelt es sich bloß um eine kulturelle Sache, die nichts mit der Religion zu tun hat? Zu jenem Zeitpunkt hatte ich zu wenige Kenntnisse, um klare Antworten zu geben. Ich musste der Sache tiefer auf den Grund gehen.

Arabisch: „Den Skandal abwaschen"

Als ich bald darauf begann, in meinem arabischen Bekanntenkreis nachzufragen, traf ich zuerst einmal auf Unverständnis. Den Begriff „Ehrenmord" gibt es nämlich in der arabischen Sprache gar nicht. Vielmehr benutzt man den Ausdruck „die Schande abwaschen". Im arabischen Sprachgebrauch wird sorgfältig zwischen zwei verschiedenen Begriffen unterschieden, welche eine normale und eine sehr große „Schande" bezeichnen[7]. So gibt es auch im Deutschen den Ausdruck „Skandal", welcher stärker ist als „Schande". Ähnlich wird dieser Sachverhalt im Arabischen ausgedrückt: „Den Skandal abwaschen." Darum geht es also beim Ehrenmord[8].

Als meine Freunde verstanden hatten, wovon ich sprach, begannen sie mir von unzähligen derartigen Fällen zu erzählen. So berichtete etwa meine Frau, die in Assuan aufgewachsen ist, der südlichsten und schönsten Stadt Ägyptens, von einem Vater, der dort seine Tochter mit dem Auto zu Tode gefahren hatte. Während er weinend der Polizei erzählte, dass es sich um einen tragischen Unfall handle, wussten doch die meisten Leute in der Stadt ganz genau, dass er sie bewusst getötet hatte.

Zwei Beispiele aus Syrien

Ein Freund erzählte mir, dass in seiner Verwandtschaft in Syrien ein „Skandal abgewaschen" worden sei. Dieser bestand darin, dass eine junge Frau drei Nächte außerhalb des Hauses übernachtet hatte. Das genügte, um ihre Ehre für immer zu beschmutzen. Obwohl sie freiwillig zurückkam, glaubte man ihren Erklärungen nicht und ihr Vater brachte sie um. Der Arzt, der ihren Tod feststellte, erklärte dem Vater zwei Dinge. Erstens hätte er sie gar nicht töten müssen, weil sie

---

[7] „Aeb" und „aar".

[8] Auf arabisch:„ghazl al aar".

9

bereits vor Schreck an einem Herzversagen gestorben sei, als er auf sie zuging. Zum Zweiten war sie noch Jungfrau gewesen. Diese Fakten trafen den Vater hart. Von da an war er nicht mehr derselbe. Man konnte nicht mehr normal mit ihm kommunizieren und er galt bis zu seinem Tod als geisteskrank.

Während des syrischen Bürgerkriegs lernte ich einen Flüchtling kennen, der mir erzählte, dass die Frau seines Bruders von Extremisten entführt und geschändet worden sei. Ihre Familie hätte viel Lösegeld bezahlen müssen, um sie zurückzubekommen. Aber danach habe die Dorfgemeinschaft großen Druck auf den Ehemann, seinen Bruder, ausgeübt und verlangt, er müsse sich von ihr scheiden lassen, da sie verunreinigt sei.

„Aber das verstehe ich nicht", warf ich dazwischen. „Sie hat doch keine Schuld!"

„Ja", erklärte der gebildete Mann. „Wir sehen das auch so. Aber wir leben in einer Gegend mit einfachen Leuten. In ihren Augen ist unsere Familie geschändet, solange diese Frau bei uns ist. Die wollen uns zwingen, sie zu ihrem Vater zurückzuschicken."

„Und dann?", wollte ich wissen. „Was soll sie dort tun?"

„Gemäß unserer Kultur" gab er zurück, „müssten ihr Vater und ihre Brüder sie dann schlagen oder sogar ermorden."

So wenig kann ein Leben in den Augen anderer Menschen wert sein. Wie ich rasch herausfand, sind Ehrenmörder in der Regel uneinsichtig. Auch wenn sie gefasst und zu vielen Jahren Gefängnis verurteilt werden, bereuen sie selten. Sie glauben, das Notwendige getan zu haben. Die Schuld suchen sie alleine beim Opfer. Denn eine Frau, die ihre Ehre beschmutzte, zwinge ihre Familie dazu, sie umzubringen. Dies erklärte mir ein Bekannter, den ich zum Thema befragte. Und weiter erklärte er: „Wenn jemand sich beschmutzt hat, muss er sich unter die Dusche stellen, egal ob es ihm passt oder nicht. Und wenn eine Familie ihren guten Ruf verloren hat, muss die Schande abgewaschen werden, egal was sie dabei empfindet."

Nafisa und Hassanein

Aber auch Ehrenmörder können ihre Gefühle nicht völlig ausschalten. In seinem Roman „Anfang und Ende" zeigt dies der weltberühmte ägyptische Autor Nagib Machfus sehr eindrücklich[9]. Es ist die Geschichte einer Kairoer Familie, die durch den frühen Tod des Vaters mehr und mehr ins Chaos stürzt. Obwohl die vier Jugendlichen allesamt auf die schiefe Bahn geraten, sind die Fehler der drei Söhne entschuldbar. Nicht akzeptabel sind jedoch die Vergehen der einzigen Schwester Nafisa. Dem ältesten Bruder Hassanein fällt schließlich die Aufgabe zu, Nafisa umzubringen. Diese allerdings liebt ihren Bruder, so wie sie es immer getan hat, und sorgt sich auch in dieser Situation mehr um ihn als um sich selber. Damit er nicht wegen Mordes angeklagt wird, begeht sie Selbstmord und wirft sich von einer Brücke in den Nil hinunter. Es ist diese Liebesbezeugung seiner Schwester, die Hassanein zur Vernunft bringt. Er will sie retten. Aber es ist bereits zu spät. Sie ist schon tot. Nachdem er ihren Leichnam gesehen hat, wird er derart von Schuldgefühlen überwältigt, dass er selber auf die Brücke steigt und sich seiner Schwester hinterher in den Tod wirft.

Bei diesem Buch von Nagib Machfus handelt es sich allerdings um einen Roman. Ob sich eine derartige Geschichte wirklich jemals zugetragen hat, weiß ich nicht. Man muss das Buch vielmehr als einen Versuch einstufen, das Ehrenmorddenken zu hinterfragen. Nagib Machfus hat in seinen Büchern immer wieder Missstände der ägyptischen Kultur aufgedeckt, mit dem Ziel, seinem Volk zu helfen, sie zu überwinden. Damit begab er sich allerdings in große Gefahr. Denn seine Werke, welche die Schwachstellen der ägyptischen Kultur aufdeckten, wurden nun ihrerseits als Schandfleck empfunden. Konservative und fundamentalistische Kreise bedrohten ihn. Der bekannte radikale Geistliche Omar Abd-el-Rahman schrieb sogar eine

---

[9] Nagib Machfus, „Anfang und Ende", in deutscher Übersetzung im Unionsverlag, Zürich 2000.

11

Fatwa[10], in der er ein Todesurteil über Machfus verhängte. Tatsächlich wurde der Schriftsteller am 14. Oktober 1994 von einem Islamisten angegriffen und dabei am Hals schwer verletzt. Glücklicherweise überlebte Machfus. Allerdings stand er den Rest seines Lebens unter Polizeischutz. Wer in einer Ehrenkultur Fehler aufdeckt, kann nicht einfach davon ausgehen, dass die Menschen lernbereit sind. Er muss vielmehr damit rechnen, dass seine Aussagen als Beleidigung aufgefasst werden und dass nicht die Missstände, sondern er selbst aus dem Weg geräumt wird. Auch der Mordversuch an Nagib Machfus gehört demnach zur Kategorie Ehrenmord.

Nadja und Samira

Fast jeder meiner arabischen und kurdischen Freunde konnte mir von Ehrenmorden erzählen. Unendlich viele traurige Geschichten musste ich mir anhören. Weitere Beispiele finden sich in der Literatur. So erzählt eine ungenannte saudische Frau in „Ich, Prinzessin aus dem Hause Al Saud", wie ihre Freundin Nadja im Pool ertränkt wurde und sie gar nichts, aber auch gar nichts für sie tun konnte. Ihr eigener Vater hängte der Freundin schwere Ketten um den Hals und stülpte ihr eine schwarze Kapuze über. Danach stieß er sie in die Tiefe.[11]

Im Buch schildert sie weiter die Geschichte einer anderen Freundin namens Samira. Beim Studium in London hatte diese sich in einen Nicht-Muslim verliebt – aus saudischer Sicht also in einen Ungläubigen. Ihre ganze Familie stand geschlossen zusammen und versicherte ihr, dass sie problemlos in die Heimat zurückkehren dürfe und nichts zu befürchten habe. So wurde sie in die Falle gelockt, denn schon bald nach ihrer Ankunft wurde sie festgenommen und einem Reli-

---

[10] Eine Fatwa ist eine rechtliche Bestimmung, die von einer islamischen Fachperson (Mufti) erarbeitet und offiziell herausgegeben wird.

[11] Jean P. Sasson, „Ich, Prinzessin aus dem Hause Al Saud: Ein Leben hinter tausend Schleiern", Goldmann Verlag, München 1992, Seite 102, 202 ff.

gionsgericht vorgeführt. Die Richter verurteilten sie aufgrund eines Koranverses[12] dazu, bis zu ihrem Lebensende in einem abgedunkelten Raum eingesperrt zu werden. Sie war zweiundzwanzig, als sie in die sogenannte Frauenkammer eingemauert wurde. Dort lebte sie völlig isoliert, bis sie den Verstand verlor und schließlich verstarb.

Mischal

Ein Ehrenmord kann auch schon allein deshalb ausgeführt werden, weil eine Frau sich weigert, den Bräutigam zu heiraten, den die Familie für sie ausgewählt hat. Eine solche Situation beschreibt Carmen Bin Ladin, die Ex-Frau eines Halbbruders des berühmten al Qaida-Führers Osama Bin Laden, in ihrem Bestseller „Der zerrissene Schleier"[13]: Eine saudische Prinzessin namens Mischal versuchte, vor einer arrangierten Ehe ins Ausland zu fliehen. Sie wurde aber erwischt und auf Geheiß ihres königlichen Großvaters hingerichtet.

Bilquis und andere Betroffene

Wie tief das Ehrenmorddenken in gewissen Völkern verwurzelt ist, zeigt sehr eindrücklich die Geschichte des afghanischen Mädchens Bilquis. Sie wurde beim Wäschewaschen am Fluss von sowjetischen Soldaten überrascht und vergewaltigt. Als sie ihrer Mutter erzählte, was geschehen war, verwandelt sich die bis dahin zärtliche Mama in eine hasserfüllte Frau. Sie beschimpfte ihre Tochter als Hure und verbannte sie aus dem Haus. Von diesem Moment an musste Bilquis bei den Tieren wohnen und wurde wie eine Aussätzige behandelt. Ihr kleiner Bruder gelobte zudem, sie zu töten, wenn er älter würde.

---

[12] „Und wenn eine eurer Frauen Unzucht begeht, so lasst vier von euch (Männern) gegen sie zeugen. Und wenn sie es bezeugen, so schließt sie ein in die Häuser, bis der Tod ihr naht."

[13] Carmen Bin Ladin, „Der zerrissene Schleier", Verlag Droemer Knaur, München 2003.

Schließlich verkaufte die Mutter sie an eine wohlhabende Familie. Aber auch dort wurde sie misshandelt, denn sie war ja völlig schutzlos. Es blieb ihr nichts anderes übrig, als immer weiter zu fliehen.

Im Buch, das der iranische Autor Freidoune Sahebjam über sie schrieb[14], findet sich ein persisches Sprichwort, welches tatsächlich die Lebensgeschichte dieses Mädchens zusammenfasst: „Eine Frau, die ihren guten Ruf verloren hat, ist wie eine Tote unter den Lebenden." Es war für Bilquis keine Theorie, sondern die bitterste Wahrheit ihres Lebens. Überall, wo sie hinkam, begegnete sie den gleichen Vorurteilen. Denn innerhalb der afghanischen Kultur gilt eine Frau, die alleine unterwegs ist, automatisch als eine schlechte Person. Sie floh von einem Ort zum andern, bis sie schließlich in einem Flüchtlingslager der UNO im Iran ankam und um Asyl warb.

Damit ist sie kein Einzelfall. Eine Frau, die ich persönlich kenne, floh vor ihrem Mann in die Schweiz zu ihrer Schwester. Der Ehemann war krankhaft eifersüchtig und hatte sie des Ehebruchs beschuldigt. Als sie schwanger wurde, glaubte er, dass das Kind in ihrem Leib von einem fremden Mann sei. Deshalb brachte er sie ins Krankenhaus und ließ das Kind abtreiben. Sie meinte, untersucht zu werden, und realisierte zu spät, was er mit den Ärzten abgemacht hatte. Ihr Vater glaubte den Erzählungen des Mannes und bedrohte sie mit dem Tod. Jahrelang getraute sie sich kaum aus der kleinen Wohnung ihrer Schwester, immer von der Angst geplagt, jemand könnte sie erkennen und ihrer Familie ihren Wohnort melden. Dabei wurde sie psychisch krank. Da die Nachforschungen ergaben, dass alles, was sie erzählt hatte, der Realität entsprach, wurde ihr schließlich in der Schweiz Asyl gewährt.

Der blinde Schriftsteller und Politiker Taha Hussein erzählte in seiner Novelle „Dua al-Karavan"[15] von einer Mutter mit zwei Töch-

---

[14] Freidoune Sahebjam, „Tot unter Lebenden. Eine afghanische Tragödie", Heyne Verlag, München 2005.

[15] Die Geschichte wurde auch verfilmt; englischer Titel: „The Nightingale's Prayer".

tern, die sogar in ihrem Heimatland Ägypten zu Flüchtlingen wurden. Da der Vater durch seine Frauengeschichten den Ruf der Großfamilie zerstört hatte, beschlossen die Männer des Dorfes zweierlei: ihn umzubringen und die Witwe mit ihren Kindern aus dem Dorf zu jagen, um die Schande endgültig loszuwerden. Es muss ihnen wohl bewusst gewesen sein, dass sie damit praktisch das Todesurteil über die drei Frauen verhängten. Auch sie wurden in der Folge zu „Toten unter Lebenden". Um zu überleben, waren sie gezwungen, zweifelhafte Arbeitsstellen anzunehmen. Die eine Tochter wurde auf ihrer Arbeitsstelle vergewaltigt und vom Onkel deswegen umgebracht. Ihre Schwester lebte von da an nur noch für das eine Ziel, ihren Tod zu rächen. Ihre Mutter verlor in all der Not den Verstand.

In den vielen Gesprächen, die ich zum Thema führte, und aus der ganzen Literatur, die ich las, wurde eines klar: Der Ehrenmord ist kein isoliertes Phänomen. Wer es verstehen will, muss tief in die Kultur eintauchen, die zu derartiger Gewalt führt. Ehrenmorde gründen in einer Denkweise, an welche die Menschen von Kindheit an gewöhnt werden. Sie haben nie die Chance erhalten, diese Logik kritisch zu hinterfragen. Für mich war es eine erstaunliche Entdeckungsreise, auf der ich begann, die Geheimnisse der Ehrenkultur immer besser zu verstehen.

2. Zwangsheirat

Der erwähnte Mord an Swera erschütterte Zürich. Inzwischen wissen wir aber, dass es nur einer von sehr vielen derartigen Fällen ist, die täglich weltweit geschehen. Wenn wir nur von der bereits erwähnten minimalen Zahl von 5000 pro Jahr ausgehen, so sind dies etwa 13 Morde pro Tag! Wir müssen allerdings annehmen, dass die Dunkelziffer sehr viel höher ist, weil derartige Verbrechen oft von den Angehörigen auf unterschiedliche Weise vertuscht werden. Leider handelt es sich bei dem Phänomen, das als Ehrenmord bezeichnet wird, auch nur um eines von vielen schmerzhaften Problemen, die mit der Ehrenkultur verbunden sind. Ein anderes eklatantes Phänomen ist die Zwangsverheiratung.[16]

Serap Çileli

In ihrem Buch „Eure Ehre – unser Leid" weist die mutige Türkin Serap Çileli[17] auf die Verbindung von Ehrenmord und Zwangsehe[18] hin. Sie hat die Zwangsverheiratung am eigenen Leib erfahren. Von ihrer Familie wurde sie zu ihrer ersten Ehe gezwungen, in der sie zwei Kinder zur Welt brachte. Nach sieben Jahren hielt sie die leidvolle Beziehung zu ihrem Mann und dessen Familie nicht mehr aus und floh aus der Türkei nach Deutschland. Seither gilt sie in ihrer Verwandtschaft als Verräterin. Sie muss damit leben, als „Hure" bezeichnet zu werden, für die man sich schämt.

Der Gedanke, dass ihre Familie sie lieber tot als lebendig sehen würde, begleitet sie seit Jahren. Serap Çileli begann, ihre Geschichte zu Papier zu bringen, um sich ihre Ängste sozusagen vom Leib zu schreiben. Zuerst hatte sie große Mühe, überhaupt einen Verlag zu finden, der ihr Buch herausbrachte. Nach der Veröffentlichung meldeten sich dann aber zu ihrer großen Überraschung viele betroffene Mädchen und Frauen bei ihr und baten sie um Hilfe. Dies bestärkte sie in ihrer Erkenntnis, dass die Zwangsheirat ein Verbrechen darstellt. Die Toleranz, mit der Europäer diesem Vergehen, welches von Einwanderern praktiziert wird, begegnen, betrachtet sie als fatalen

---

[16] Der Berliner Arbeitskreis gegen Zwangsverheiratung gibt für das Jahr 2013 allein für Berlin 460 Fälle von Zwangsverheiratung an. Dazu kommt eine Dunkelziffer, siehe: http://berlin.lsvd.de/wp-content/uploads/2015/02/Umfrage-zu-Zwangsverheiratung.pdf

[17] Serap Çileli, „Eure Ehre – unser Leid. Ich kämpfe gegen Zwangsehe und Ehrenmord", Blanvalet Verlag, München 2010.

[18] Ehrenmord und Zwangsehe sind untrennbar miteinander verbunden. Dies hat auch eine Studie des deutschen Bundeskriminalamts gezeigt. Siehe: http://www.kath.net/news/41330 und http://goo.gl/b7bCRc

Fehler. Sie war es, die in diesem Zusammenhang den Satz prägte: „Toleranz tötet muslimische Frauen."[19] Es ist Seraps Überzeugung, dass man sich schuldig macht, wenn man derartigen Verbrechen einfach tatenlos zuschaut. Deshalb hat sie seither vielen Frauen geholfen, sich zu verstecken, um ungewollten Ehen zu entgehen.

Samira Bechar

Nach so einer Helferin hätte sich beispielsweise einst auch die junge Afghanin Samira Bechar (Name geändert) in Kabul gesehnt[20]. Ihre Freundinnen hatten nämlich eines Tages völlig unerwartet die Idee gehabt, sie mit einem zehn Jahre älteren Mann zu verheiraten. Um sie dazu zwingen zu können, hatten sie diesen Plan hinter Samiras Rücken schon mit ihrer eigenen Mutter besprochen und deren Einverständnis erhalten. Samira selbst wurde nicht einmal nach ihrer Meinung zu dieser ganzen Sache gefragt. Falls man dies getan hätte, hätte man gemerkt, dass sie diesen „Bräutigam" als den hässlichsten Mann empfand, den sie sich vorstellen konnte. Zudem erlebte sie ihn auch keineswegs als liebenswürdig. Aber weil ihre Mutter zu jener Zeit todkrank war, wagte sie nicht, ihr zu widersprechen. Sie wollte nicht für den Rest ihres Lebens bei allen, die sie kannten, als diejenige gelten, die ihre Mutter ins Grab gebracht hatte. Mit einer derartigen Schande hätte sie nicht leben können. Die Eltern zu ehren ist eines der zentralsten Gebote der Ehrenkultur.

Später beim Verlobungsfest kümmerte sich niemand darum, dass Samira unglücklich war. Ganz offen erklärte sie bald darauf dem Verlobten, dass sie ihm nach dem Tod ihrer Mutter den Verlobungsring wieder zurückgeben werde. Dies akzeptierte er aber ganz und gar nicht. Seine Reaktion darauf war, sie zu überfallen und zu vergewaltigen. Nun *musste* Samira ihn heiraten, denn einen anderen Ausweg

---

19 Zitiert von der Rückseite des Buchumschlags.
20 Samira Bechar, „Samira", Brunnen Verlag, Gießen 2011.

aus dieser Schande gab es für sie nicht. Wer sonst hätte eine Frau nehmen wollen, die nicht mehr Jungfrau war? Auch ein Selbstmordversuch mit Tabletten änderte daran nichts. Sie wurde entdeckt und ihr Magen konnte rechtzeitig ausgepumpt werden. Dann fand die Hochzeit statt.

Nach der Machtübernahme durch die Taliban musste Samira Bechar mit ihrem Mann und ihren Kindern fliehen. Es gelang ihnen, nach Deutschland zu kommen. Aber auch hier dauerte es Jahre, bis sie sich von ihrem gewalttätigen Ehemann scheiden lassen konnte.

Sie erzählt von einer Bekannten von ihr, der es ähnlich ging. Als sich diese in einer vergleichbaren Zwangslage befand, wollte sie sich ebenfalls das Leben nehmen. Sie rief: „So, jetzt könnt ihr meine Leiche mit ihm verheiraten", und sprang über einen Felsen in den Fluss. Doch man fischte sie wieder aus dem Wasser. Die Verlobung wurde trotzdem nicht gelöst. Kurz vor der Hochzeit beschaffte sie sich eine Pistole und schoss sich in den Kopf. Erneut überlebte sie überraschenderweise. Doch von da an war sie blind. Erst nach diesem furchtbaren Vorfall wurde die Beziehung aufgelöst. Noch bevor sie das Krankenhaus verlassen konnte, heiratete der Bräutigam eine andere Frau.

Die bittere Tatsache, dass Samira keine andere Wahl hatte, als den Mann, der sie so brutal vergewaltigt hatte, zu heiraten, ist leider typisch. Hätte sie ohne ihr Jungfernhäutchen einen anderen Mann geheiratet, so wäre sie von diesem ihr Leben lang als Hure betrachtet oder sogar umgebracht worden.

Sabatina James

Eine weitere Frau, deren Leben wegen der Verweigerung einer Zwangsehe über Jahre bedroht wurde, ist Sabatina James[21]. Sie kam in

---

[21] Sabatina James, „Sterben sollst du für dein Glück. Gefangen zwischen zwei Welten", Verlag Droemer Knaur, München 2004.

Pakistan zur Welt und war noch ein Kind, als ihre Eltern mit ihr und ihren Geschwistern nach Österreich gingen. Bis sie vierzehn Jahre alt war, fügte sie sich in allem den Erwartungen ihrer Eltern. Im Gegensatz zu ihren Brüdern, welche gewöhnt waren, nach der Schule auf den Fußballplatz zu gehen und erst abends spät nach Hause zu kommen, eilte Sabatina jeweils gleich nach dem Unterricht sofort zu ihrer Mutter und half im Haushalt. Erst als sie sechzehn Jahre alt war, kam es zu Auseinandersetzungen mit ihrer Familie, weil Sabatina nach der Schule noch mit ihren Freundinnen zusammen sein wollte. Wenn sie schon nicht mit ihnen ins Kino oder in die Disco gehen durfte, wollte sie wenigstens mit ihnen reden und so das Gefühl haben, eine von ihnen zu sein. Auch an ihrer Kleidung entzündete sich nun häufig Streit. Ein T-Shirt etwa mit kurzen Ärmeln, das ihr über die Hüfte ging, war für ihre Mutter Anlass, sie zu verprügeln. Von jetzt an wurde Sabatina häufig von ihrer Mutter grün und blau geschlagen.

Eines Tages – Sabatina war siebzehn Jahre alt – überredeten ihre Eltern sie zu einem Besuch in Pakistan. Sie sollte die Verwandten dort kennenlernen. Sabatina war nicht besonders begeistert, sie fühlte sich als Österreicherin. Aber da es ein großer Wunsch ihrer Eltern war, fügte sie sich. Erst in Pakistan erfuhr sie, dass ihre Eltern sie schon kurz nach ihrer Geburt für eine Heirat mit einem Cousin vorgesehen hatten. Nun sollte die Hochzeit stattfinden. Sabatina hatte Salman bis dahin nur zwei- oder dreimal gesehen und sie wollte ihn auf keinen Fall heiraten. „Schon bei der ersten Begegnung hatte ich gewusst, dass ich ihn nicht lieben könnte."[22] Als ihre Eltern ihren Widerstand nicht überwinden konnten, bereiteten sie die Rückreise nach Österreich vor. Auf dem Flugplatz stellte Sabatina fest, dass es für sie kein Ticket gab. Sie sollte bei Salmans Mutter in Pakistan bleiben. Auf einer Koranschule sollte sie zur Vernunft gebracht werden und dann in die Ehe mit Salman einwilligen.

---

[22] Sabatina James mit Regina Carstensen, „Nur die Wahrheit macht uns frei. Mein Leben zwischen Islam und Christentum", Pattloch Verlag, München 2011, S. 69.

Nach Monaten kam ihr Vater zu Besuch. Sie freute sich riesig, denn sie liebte ihn sehr. Seinem intensiven Bitten und Drängen gab sie schließlich nach und stimmte einer Verlobung mit Salman zu, obwohl er sie sexuell missbraucht hatte. Dann nahm ihr Vater sie mit zurück nach Linz in Österreich. Erst später erfuhr sie, dass ihr Vater bei diesem Besuch an ihrer Stelle die Hochzeitsurkunde unterschrieben hatte. Sie war mit Salman verheiratet, sie wusste es nur noch nicht.[23]

Seitdem bedrängten ihre Eltern sie jeden Tag, eine Einladung für Salman zu unterschreiben, damit er nach Österreich kommen konnte. Sie weigerte sich. „Und nun war ich, trotz Umerziehungsprogramm meiner Tante und Gehirnwäsche in der Koranschule, nicht bereit, zwangsverheiratet zu werden. Ich wehrte mich mit aller Macht. Ich war renitent. Ich war keine gute Muslimin."[24] Die Drohungen zu Hause gingen weiter. Eines Tages hängte sich ihr Vater an den Balkon ihrer Wohnung im siebten Stock. „Er drohte an, dass er springen würde. Er wollte mir zeigen: ‚Ich sterbe, wenn du nicht heiratest.' Meine Mutter war damals in Tränen ausgebrochen und wieder einmal fühlte ich mich schuldig. Für die Tränen, die ich vergossen habe, interessierte sich aber niemand."[25]

In gewisser Weise konnte sie ihre Eltern verstehen. „Sie waren in einer anderen Welt mit vollkommen anderen Werten aufgewachsen und konnten viele Dinge, die mich bewegten und beschäftigten, einfach nicht nachvollziehen. Nach ihren Vorstellungen hatte ich ihnen Schande gebracht, eine Schande, die möglicherweise für immer an ihnen haften bleiben würde. Meine Mutter hatte vor ihrer Schwester [Salmans Mutter] das Gesicht verloren, und mein Vater, dem Ehre, Moral und Respekt noch wichtiger waren, stand vor seinem Vater da wie ein Versager."[26]

---

[23] Ebenda, S. 70.
[24] Ebenda, S. 69.
[25] Ebenda, S. 118.
[26] „Sterben sollst du für dein Glück", S. 116.

Noch heute sagt sie von sich: In „Momenten des schlechten Gewissens muss ich mich stark zusammenreißen, um zu sehen, dass das, was ich getan habe, nichts Falsches war. Zu viele Muslime, auch junge Frauen, haben mir zu verstehen gegeben, dass ich ... schlecht sei. Sie betrachteten nicht mich als Opfer, sondern meine Eltern und Geschwister. Ich habe mich einfach nicht ihren Regeln unterworfen, den Regeln des Islam ..."[27]

Ayaan Hirsi Ali

In manchen Ländern gilt der Wille der Braut also derart wenig, dass eine Eheschließung – so unglaublich es klingen mag – sogar ohne ihre Unterschrift zustande kommen kann[28]. Dies musste auch Ayaan Hirsi Ali aus Somalia erleben. „Der Tag der Eheschließung war ein ganz normaler Tag für mich", erzählt sie in ihrer Autobiografie.[29] „Ich zog mich an wie immer, erledigte meine Hausarbeit und tat so, als stehe nichts Besonderes bevor. Natürlich wusste ich, dass in Farah Gourés Haus ein Qadi (Richter) vor meinem Vater, Mahad und weiteren Männern meine eheliche Verbindung mit Osman Moussa bestätigte. Danach gab es – nur für die Männer – ein großes Mittagsmahl mit gebratenem Lamm. Ich würde nicht dabei sein. Für die islamische Zeremonie war weder meine Anwesenheit noch meine Unterschrift erforderlich."

Ihr Ehemann lebte jedoch weit weg in Kanada. Und dahin wurde sie nun geschickt. Als sie in Holland das Flugzeug wechseln sollte,

---

[27] „Nur die Wahrheit", S. 275. Weitere Hinweise unter: www.amnesty-frauen.de/ Main/Zwangsheirat. Die rechtliche Lage für zwangsverheiratete Mädchen und Frauen ohne deutsche Staatsangehörigkeit wurde allerdings in Deutschland inzwischen verbessert.

[28] Die islamisch-rechtliche Situation der Braut hat Michael Borgstede kurz, aber informativ beschrieben in: http://www.welt.de/vermischtes/article2899415/Zwangsehe-Wenn-die-Braut-mit-Puppen-spielt.html

[29] Ayaan Hirsi Ali, „Mein Leben, meine Freiheit", Piper Verlag, München 2006, S. 249.

brach sie jedoch die Reise ab und beantragte Asyl. Obwohl Ayaan einen politischen Asylgrund angab, war sie in Wirklichkeit auf der Flucht vor ihrer ungewollten Ehe. Manchen Frauen gelingt die Flucht vor der Zwangsehe und dem Ehrenmord. Aber was geschieht mit den unzähligen Frauen, die nicht ins Ausland fliehen können?

Carmen und Sulima

Selbstverständlich sind Ayaan und Sabatina nicht die einzigen Frauen, die erfahren mussten, dass sie unter Umständen auch ohne ihre Unterschrift verheiratet werden konnten[30]. Die schon im letzten Kapitel erwähnte Genferin Carmen, die einen Halbbruder des berüchtigten Osama Bin Laden heiratete, nahm es zwar in ihrem jugendlichen Übermut ganz locker, als bei ihrer Eheschließung in Saudi-Arabien ein männlicher „Vormund" an ihrer Stelle signierte. Erst Jahre später begann sie mit zunehmendem Erschrecken zu verstehen, dass es um mehr ging als nur um eine Unterschrift und dass sie als Frau in Saudi-Arabien ein in entscheidenden Punkten rechtlich benachteiligter Mensch war.

Ähnlich erging es der Afghanin Sulima. Auch sie erlebte einen gewaltigen Schock, und zwar in jenem Moment, als ihr ein Beamter ihre eigene Hochzeitsurkunde vorzeigte, obwohl sie ja – soweit sie informiert war – gar nicht verheiratet war.[31] Sie musste feststellen, dass ihr Bruder sie hinter ihrem Rücken schon mal vorsorglich verehelicht hatte, um zu verhindern, dass sie sich selbst insgeheim mit dem Mann ihrer eigenen Wahl verbinden könnte.

---

[30] Der Wikipediaartikel über „Die islamische Ehe" schreibt korrekt unter Verweis auf entsprechende Aussprüche des islamischen Propheten in den sogenannten heiligen Hadithen: „Bei der Ehe ist nach klassischer Rechtslehre ein Ehevormund *(wali)* für die Frau notwendig. Im Islam ist es nur dem wali mudschbir erlaubt, Frauen gegen ihren Willen zu verheiraten."

[31] Sulima und Hala, „Gefangen hinter dem Schleier. Unser Leben in Afghanistan und unsere Flucht in die Freiheit", Heyne Verlag, München 2002, Seite 92.

Zana und Nadja

Um noch ein weiteres Beispiel zu nennen: Die sechzehnjährige Zana Muhsen und ihre kleinere Schwester Nadja flogen eines Sommers vertrauensvoll von England in die Ferien in den Jemen, um dort die Verwandten ihres Vaters kennenzulernen. Dort erfuhren sie, dass ihr Vater sie beide für je 1300 britische Pfund verheiratet hatte! Sie hatten keine Chance mehr, jemals wieder nach England zu kommen.[32]

Dem Familienclan ausgeliefert

Unter den Ländern mit vorherrschender Ehrenkultur gibt es auch solche, in denen für eine gültige Eheschließung die Unterschrift der Braut erforderlich ist. Auf den ersten Blick scheint dies der beste Schutz vor einer Zwangsehe zu sein. Doch wer genauer hinschaut, realisiert bald, dass damit wenig gewonnen ist. Die Möglichkeit ist sehr klein, dass sich eine Braut gegen den Willen der Männer stellt und sich gegen die Älteren durchsetzen kann, indem sie ihre Unterschrift zur Ehe verweigert. Diese Chance hat sie nur, wenn ihr Vater verständnisvoll ist und von Anfang an ihren Willen beachtet. Ist dies aber nicht der Fall, so muss sie bedingungslos gehorchen. Die bereits zitierte Ayaan Hirsi Ali erklärt sehr anschaulich die Hilflosigkeit einer jungen Frau innerhalb der für die Ehrenkultur typischen Großfamilien-Situation: „Ich hatte meinem Vater zwar gesagt, dass ich Moussa nicht heiraten wollte, mich aber nicht durchsetzen können. Hätte ich es getan, so hätte man mich gewiss verstoßen, mich des unsichtbaren Schutzes durch den Clan beraubt und meine Mutter und Schwester wären, wenngleich nicht so hart, ebenfalls bestraft worden. Ich hätte wie Fawzia und andere alleinstehende somalische Frauen als Frei-

---

[32] Zana Muhsen, „Noch einmal meine Mutter sehen. Vom eigenen Vater in die Sklaverei verkauft", Heyne Verlag, München, aktualisierte Neuausgabe 2003.

wild gegolten, hätte um Unterkunft betteln müssen und Opfer jeder Art von Gewalt werden können.“ Ob mit oder ohne Unterschrift – es ändert nicht viel, wenn man als einzelne Frau einem weitgespannten Familienclan ausgeliefert ist.

Natürlich gibt es auch in der Ehrenkultur Familien, die den Willen einer Braut beachten. Die Tendenz ist jedoch unverkennbar, dass es Wichtigeres gibt als das, was eine junge unerfahrene Frau möchte. Im Normalfall entscheiden die Eltern, insbesondere der Vater. Aber auch die Großeltern, die älteren Brüder sowie natürlich Onkel und Tanten reden mit. Mancherorts wird der Bräutigam, vielleicht sogar die Braut, mit ihrer Meinung ernst genommen, andernorts darf *nur er* seine eigene Meinung einbringen. Doch selbstverständlich ist weder das eine noch das andere. „Kein Araber würde etwas gegen den Willen seines Vaters tun“, schreibt Zana Muhsen immer wieder. Dies sagt sie nicht ohne Bitterkeit, nachdem sie selbst erleben musste, dass ihr „sogenannter Ehemann“ (so nennt sie ihn) sie sogar gegen seinen eigenen Willen auf Geheiß des Vaters vergewaltigen musste.

Auch wenn der junge Mann selbst seine Braut auswählen darf, muss sie den Vorstellungen seiner Großfamilie – insbesondere des Vaters – entsprechen. Es geht nicht an, dass die jungen Leute einfach irgendjemanden heiraten, der ihnen schöne Augen macht. Vielmehr muss es ein Ehepartner sein, welcher der Familie Ansehen einbringt. Beim Suchen nach dem geeigneten Ehepartner wird man in dieser Kultur unweigerlich vom Streben nach dem guten Ruf geleitet. Ist die Partie nicht ehrenvoll genug, muss sie aus Rücksicht auf die eigene Großfamilie aufgegeben werden. Ehrbare Familien haben nämlich überall offene Türen. Hingegen kann ein einziger Schandfleck viele Beziehungen zerstören und unweigerlich den gesellschaftlichen Abstieg bedeuten. Es geht dabei um viel. Die falsche Wahl eines Ehepartners kann einem ganzen Clan schaden.

Deshalb ist es die Pflicht aller, aber hauptsächlich des Vaters, immer und überall darüber zu wachen, dass die Kinder – insbesondere die Töchter – keine Schande über die Familie bringen. Er muss es zum Wohle des Clans tun, egal was es kostet. Dabei geht es in erster Linie um das sittliche Benehmen der Tochter. Denn wenn ihre sexuelle Reinheit in Zweifel gerät, kann kein ehrenwerter Ehemann für sie gefunden werden und vielleicht auch nicht für ihre Geschwister und Cousins, oder wenigstens keine ehrenhaften. Und das wäre die allergrößte Schande.

In Ägypten hörte ich oft das Sprichwort: „Zwischen einen Vater und seine Tochter kann niemand treten." Dies bedeutet, dass ein Vater seine Tochter strafen kann, wie er will, ohne dass es jemandem möglich wäre, sie zu verteidigen. Schließlich tut der Vater ja nur seine Pflicht, um seine Tochter und die ganze Familie zu retten.

Ein Junge, der unehrenhaft lebt, wird natürlich auch zurechtgewiesen. Aber in der vom Streben nach Ehre beherrschten Kultur gelten sexuelle Abenteuer der Männer meist als entschuldbar, solange sie sich nicht einer bereits verheirateten Frau nähern. Es wird sehr in Betracht gezogen, dass Männer von Natur aus Eroberer und biologisch anders konzipiert sind als Frauen. Dabei gilt es mehr oder weniger als selbstverständlich, dass sie auch auf sexuellem Gebiet dort reingehen, wo die Türen offen stehen. Deshalb ist das schwache Geschlecht selbst dafür verantwortlich, sich zu schützen, wobei auch die ganze Familie an dieser großen Aufgabe mitträgt. Es ist allen klar, dass eine Verfehlung immer der betroffenen Frau und ihrer Familie angelastet wird – selbst dann, wenn es sich um eine Vergewaltigung handelte. Nicht der Vergewaltiger trägt die Schande, sondern das Mädchen, das alleine unterwegs war, und die Familie, die sie weder gut erzogen noch geschützt hat. Nach einem solchen Vorkommnis gilt ein Familienclan als schwach und unfähig. Und einen solchen Ruf kann man sich nicht leisten, da man sonst gesellschaftlich geächtet wird und jedes Ansehen verliert. Weil so viel auf dem Spiel steht, darf vielerorts eine Frau nicht alleine das Haus verlassen. Wenn immer möglich, muss ein männlicher Begleiter zu ihrem Schutz dabei sein. Es wird ein enormer Aufwand betrieben, um niemandem auch nur den entferntesten Grund zur Verdächtigung zu geben, die eigenen Töchter würden Männer anmachen. Das ist auch der Hauptgrund, weshalb Frauen sich verschleiern müssen[33].

Je mehr ich diese Denkweise kennenlernte, umso mehr begann ich zu verstehen, weshalb in einer Ehrenkultur die Geburt eines Mädchens nicht unbedingt Freude auslöst. Nicht so sehr, weil man etwas gegen Frauen hätte. Der Grund dafür ist vielmehr, dass es mit der wachsenden Anzahl Mädchen immer mühsamer wird, die Familienehre zu beschützen. Die Geburt einer Tochter bringt gleichsam eine große Last mit sich, die man über viele Jahre wird mit sich schleppen müssen. Und ein einziger Fehler kann alles zerstören. Um diese Last loszuwerden, ist man gerne bereit, ein Mädchen in viel zu jungem Alter zur Heirat wegzugeben, wenn sich die Chance bietet. Und damit sind wir bei einem weiteren Problem der Ehrenkultur: die Tendenz, Mädchen schon im Kindesalter zu verheiraten.

Verheiratung von Kindern

Das Magazin DER SPIEGEL berichtete am 9. September 2013 von einem Todesfall. Demnach soll im Jemen ein achtjähriges Mädchen mit einem Vierzigjährigen verheiratet worden sein. Er habe sie derart brutal vergewaltigt, dass die Gebärmutter riss und das Mädchen an den Folgen starb.

In manchen Ländern wird es sogar als eine gute Tat angesehen, eine minderjährige Tochter mit einem reichen Mann zu verheiraten. Dabei spielt das Alter des Mannes kaum eine Rolle[34]. Diese Praxis kann nicht einmal durch das gesetzliche Mindestalter verhindert werden. So erzählt Ayşe Önal in ihrem Buch „Warum tötet ihr? Ehren-

---

[33] Dazu kommt ein religiöser Grund, die Überzeugung, dass Frauen, die ihr Haar offen zeigen, in die Hölle kommen.

[34] Die Kinderehe wird mit Sure 65:4 begründet, wo eine Regulierung steht für die Scheidung von Ehefrauen, welche noch keine Monatsblutung haben. Siehe dazu: https://koptisch.wordpress.com/2012/12/29/salafisten-fuehrer-bourhami-recht-fertigt-kinderehe-aus-koran/

morde in der Türkei – Wenn Männer für die Ehre morden"[35] die Geschichte von Hanim, welche minderjährig verheiratet wurde. Die Ehe wurde in der Moschee geschlossen und staatlich erst Jahre später registriert, als Hanim das gesetzliche Mindestalter erreichte. Zu diesem Zeitpunkt hatte sie bereits mehrere Kinder geboren.

Wenn wir den Ehrenmord bekämpfen wollen, ist es notwendig, die negativen Seiten des ganzen Ehrensystems anzusprechen, denn dies ist wie der Baum, der den Ehrenmord als Frucht hervorbringt. Es ist aber nicht die Absicht dieses Buches, jene Kultur rundherum zu verurteilen. Als Menschen, die außerhalb des Systems stehen, haben wir die Chance, Missstände besser zu erkennen. Wir verurteilen jedoch nicht, sondern wir beobachten und leiden mit. Dabei dürfen wir nie vergessen, dass die Ehrenkultur auch viele positive Elemente einschließt. Wenn sie nur schlechte Eigenschaften hätte, wäre sie längst untergegangen. Positiv ist die Betonung mancher Werte, die in anderen Kulturen vernachlässigt werden. So zum Beispiel die Hochachtung von Gästen und älteren Menschen, aber auch die Wertschätzung der Familie. Darauf werden wir in einem späteren Kapitel noch detaillierter eingehen. Nachteilig dagegen ist, dass die Menschen von klein auf darin geübt werden, die Welt wie durch eine Brille zu betrachten, die alles sofort rot anstreicht und verurteilt, was nicht ins Ehrenschema passt.

In den Familien der Ehrenkulturen fließt einerseits viel Liebe, aber es ist auch unübersehbar, dass diese Liebe bedingt ist. Wer sich nicht strikt an die Forderungen des Ehrendenkens hält, fällt in Ungnade und verliert die Liebe seiner Angehörigen. Wie wir gesehen haben, kann dies dazu führen, dass man sogar aus dem Weg geräumt wird, und zwar ausgerechnet von denjenigen Menschen, die einem am nächsten stehen.

Damit erhält diese Kultur ein verwirrendes, widersprüchliches Element. Ausgerechnet die intakte Familie, die doch das Schönste an

---

[35] Verlag Droemer, München 2008.

dieser Kultur ist, kann zur fatalen Falle für deren Mitglieder werden. Was kann geschehen, wenn der Vater, der die absolute Autorität innehat, ungerecht, gewalttätig oder sogar sadistisch ist? Wer schützt die Kinder vor ihm, falls er seine eigenen Komplexe an ihnen auslässt, anstatt sie gerecht zu erziehen? Was geschieht, wenn er geisteskrank ist? Oder wenn er seine minderjährige Tochter um wirtschaftlicher Vorteile willen einem viel älteren Bösewicht zur Frau gibt?

Es gibt in einer solchen Gesellschaft nichts, aber auch gar nichts, was dann die Tochter schützt. Ganz im Gegenteil. Im Normalfall arbeitet in der Folge die ganze Verwandtschaft eng zusammen, um das Mädchen zu bändigen und zu zwingen, sich in sein Schicksal zu fügen. Auch die Frauen, ja meistens sogar die Mütter, helfen dabei mit, und zwar aus mehreren Gründen. Zum einen müssten sie ja auch mit Strafen rechnen, wenn sie sich gegen das herrschende System auflehnen würden. Zum anderen würden sie mit einer Auflehnung zusätzliche Schande über die Familie bringen und damit den Menschen schaden, die sie lieben. Und sie müssten fortan mit den Schuldgefühlen leben, eine ganze Unglückskette in ihrer eigenen Familie verursacht zu haben. Diese negativen Folgen könnten sie wahrscheinlich nie mehr wiedergutmachen, weil eine Gesellschaft, die vom Ehrendenken geprägt ist, keine Fehler vergisst.

Meral Al-Mer

Die Macht dieser Kultur über die Menschen, die in ihr leben, ist unvorstellbar groß. Anstatt die unterschiedlichen Probleme, die damit verbunden sind, auf theoretische Weise zu beschreiben, erzähle ich lieber dazu die Geschichte der Türkin Meral Al-Mer[36]. Sie wurde von ihrem Vater entführt, als sie erst ein Jahr alt war. Es geschah, als er ihre Mutter, die mit einem zweiten Kind schwanger war, kaltblütig in ihr Heimatdorf zurückbrachte. Er entriss ihr Meral und brachte sie

---

[36] Meral Al-Mer, „Nicht ohne meine Mutter", Bastei Lübbe Verlag, Köln 2013.

nach Deutschland, wo er eine blonde Frau nach seinem Geschmack heiratete. Nach ein paar Jahren kam er wieder an seinen früheren Wohnort in die Türkei zurück und verlangte von seiner Ex-Frau, dass sie den Jungen, den sie inzwischen geboren hatte, herausgebe. Anstatt die wehrlose Mutter zu schützen, stellte sich ihre Familie auf die Seite des Vaters. Es blieb ihr nichts anderes übrig, als schreiend zuzuschauen, wie der Vater auch mit ihrem zweiten Kind davonfuhr!

Dabei muss festgehalten werden, dass der Vater seine Tat nur mithilfe der ganzen Dorfgemeinschaft ausführen konnte. Obwohl Merals Mutter eine erwachsene Frau war, entschieden die Männer ihrer Familie über sie. Und sie taten dies nicht etwa nach dem, was sie für Merals Wohl hielten. Vielmehr war für sie einzig wichtig, was ihrer Familie Ehre bringen könnte. In diesem Fall fanden sie, dass es sehr ehrenhaft sei, wenn die beiden Kinder im noblen und reichen Deutschland aufwachsen würden! Um dieses Ziel zu erreichen, traten sie die Gefühle der Mutter und ihrer Kinder mit Füßen. Sie sei ja noch jung, erklärten sie, und ohne ihre Kinder könne man leichter einen neuen Ehemann für sie finden.

Sohn und Tochter waren in der Folge in Deutschland hilflos einem außerordentlich lieblosen Vater ausgeliefert. Dieser wurde im Laufe der Jahre zunehmend unberechenbarer. Während er sich selbst viele sexuelle Abenteuer gestattete, bewachte er seine Tochter mit Argusaugen und bestrafte sie auf unmenschliche Art und Weise für Vergehen, die eigentlich gar keine waren. Er schlug sie wegen Kleinigkeiten. So zum Beispiel, weil sie die Zwiebelringe nicht dünn genug geschnitten hatte. Aus dieser Nachlässigkeit schloss er nämlich, dass sie ihn nicht genug liebte. Gemäß seinen Vorstellungen war es jedoch ihre Tochterpflicht, den Vater zu lieben. Über Jahre hinweg drohte er, sie wegen irgendwelcher Vergehen, die nur er als solche verstand, umzubringen. Das führte so weit, dass es Meral gleichgültig wurde, ob er es tat oder nicht.

Inzwischen hatte sich ein guter Teil der Verwandtschaft in Deutschland etabliert. Natürlich wunderten sich die Onkel und Tanten über die Verletzungen an Merals Körper. Aber niemand kümmerte sich wirklich um sie oder nahm gar Partei für sie. Die Verwandten akzeptierten es sogar, dass Merals Vater zweimal mit einer Pistole auf sie schoss. Glücklicherweise ohne sie zu treffen. In dieser unvorstellbaren Not unternahm Meral mehrere Selbstmordversuche. Dies alles gab viel zu reden, mehr nicht.

Schließlich war es die Polizei, die diese unerträgliche Situation beendete. Sie schritt ein, weil der Vater seine marokkanische Nebenfrau beinahe umbrachte. Daraufhin kam Meral in ein Heim. Aber auch dort ließ der Vater sie nicht in Ruhe, sondern verfolgte sie oft, wenn sie unterwegs war. Sie lebte in ständiger Angst. Zudem wurde sie auch von Schuldgefühlen hin- und hergerissen. Denn ein Teil von ihr sah es immer noch als ihre Pflicht an, den Vater zu lieben und ihm zu gehorchen, so wie sie es von klein auf gelernt hatte. Erst durch einen jahrelangen inneren Prozess konnte sie sich langsam von ihm lösen.

Während jener Zeit ermutigte sie eine Sozialarbeiterin zu einem Schritt, der sie in akute Lebensgefahr brachte. Meral zeigte ihren Vater an und erzählte vor Gericht alle seine Verbrechen. Damit brachte sie allerdings die ganze Familie, die sich nie zu ihrem Schutz eingesetzt hatte, gegen sich auf. Diese wurde nun aktiv als Partei ihres Vaters, die Angehörigen bedrängten und bedrohten sie sogar. Sie verstanden Merals Klage nicht als Schritt zur Gerechtigkeit, sondern als unglaublichen Affront gegen die Familienehre. Keiner von ihnen versuchte, ihren Standpunkt zu verstehen. Das Einzige, was die Verwandten in ihrer Klage sahen, war, dass sie der Familie Schande einbrachte. Daher war eine Versöhnung unmöglich. Der Vater wurde zu einer Gefängnisstrafe verurteilt. Meral musste schließlich den Ort verlassen und weit entfernt ein neues Leben beginnen.

Eines Tages verlangte der Vater von seinem Sohn, der ihn im Gefängnis besuchte, er müsse Meral umbringen. Gott sei Dank war dieser dazu nicht bereit. Meral wurde auch nicht zwangsverheiratet, obwohl ihr dies immer wieder angedroht wurde. Es war die Angst davor gewesen, die sie über Jahre hinweg gefügig gemacht hatte. Obwohl sie schon damals in einem westlichen Land gewohnt hatte und von einer deutschen freundlichen Ersatzmutter begleitet worden war, hatte sie mit ihrem krankhaft gewalttätigen Vater während vieler Jahre doch die Hölle durchleben müssen. Dieser konnte fast unbegrenzte Macht ausüben, weil die Großfamilie ihn bedingungslos stützte. In Übereinstimmung mit den Prinzipien der Ehren-Schande-Kultur wandten sich alle entschieden gegen Meral, als diese es wagte, den Vater vor Gericht zur Verantwortung zu ziehen. Dass ein Vater für Verbrechen an den eigenen Kindern ins Gefängnis muss, ist in der Ehrenkultur nicht vorgesehen. Es ist etwa genauso undenkbar, wie dass das Brot den Bäcker oder Menschen Gott zur Rechenschaft ziehen. Heute lebt Meral als Sängerin, Journalistin und Schauspielerin in Berlin.

Wenn schon hier in Europa solche Dinge geschehen können – wie viel mehr leiden Millionen von Mädchen in denjenigen Ländern, deren Gesetze das patriarchalische Prinzip noch unterstützen! Es ist eine Geschichte, die sich leider unzählige Male wiederholt. Zweifellos gibt es überall und in jeder Kultur problematische Väter. Aber dass die Kinder sogar einem gewalttätigen Psychopathen derart schutzlos ausgeliefert sind, das ist eine gewaltige Schwäche der Ehrenkultur.

3. Gefangen

„Verliebte werden selten glückliche Ehepaare", erklärte Scheich Abdalmuti im Roman „Ramsa" der ägyptischen Autorin Out el Kouloub. Die von den Eltern arrangierten Ehen dagegen seien diejenigen, die langfristig glücklich würden, behauptet er weiter. Dies sagte er über Ramsa, die Heldin der Geschichte. Diese hatte das Undenkbare gewagt und hinter dem Rücken ihrer Familie den Mann ihrer Liebe geheiratet. Damit machte sie ihrem Vater einen Strich durch die Rechnung, der eine ganz andere Ehe für sie vorgesehen hatte. Sie wagte dies nicht zuletzt deshalb, weil sie zuvor ihren Vater als relativ fortschrittlich und freiheitsliebend erlebt hatte. Zudem wollte sie ihm zeigen, wie sehr er sie verletzt hatte, als er und die ganze Familie begonnen hatten, Hochzeitsvorbereitungen zu treffen. Alle wussten, dass ihre Vermählung unmittelbar bevorstand, nur ihr selbst hatte man nichts gesagt. Sie fühlte sich gedemütigt und wie eine Ware verkauft. Dies enttäuschte sie so sehr, dass sie davon ausging, das Recht auf Notwehr zu haben.

Doch niemand war auf ihrer Seite. Sogar der Mann ihrer Liebe, ein selbstbewusster Offizier namens Maher, schwankte zwischen seiner Frau und seinem Vater. Als sie von zu Hause flüchten musste, nahm ein freundlicher Scheich namens Abdalmuti die obdachlos gewordene Ramsa eine Weile in sein Haus auf. Dies bedeutete aber keineswegs, dass er mit ihrem Tun einverstanden war. Er versuchte sie vielmehr von der Aussichtslosigkeit ihres Unternehmens zu überzeugen und zur Aufgabe zu überreden. Je schneller sie dies akzeptiere, desto besser. Durch seine Vermittlung schützte er sie immerhin vor dem Zorn der beiden Familien. Er sagte allerdings kopfschüttelnd: „Auch ich habe eine Tochter, und wenn sie dasselbe getan hätte wie Sie, dann hätte ich sie erwürgt!"[37]

Obwohl die Ramsa im Roman eine Ägypterin ist, hat sie freiheitliche Ansichten. Sie argumentiert, dass ihre Liebe genüge, um den Offizier, den sie erwählt hat, glücklich zu machen. Doch der Scheich prophezeit ihr, dass ihr eigener Mann ihr schon bald vorwerfen werde, sie habe sein Leben zerstört.

Für diese Prophezeiung benötigte er gewiss keine göttliche Eingebung. Die Ehrenkultur selbst wird zwangsläufig zu ihrer Erfüllung führen. Wer sich ihr nämlich entgegenstellt wie Ramsa und Maher, hat damit seinen guten Ruf für immer zerstört und man wird ihm kaum mehr eine Chance auf ein erfolgreiches Leben geben. Wer sich dagegen dem Willen der Großfamilie fügt und bereit ist, sich mit

---

[37] Out el Kouloub, „Ramsa, Tochter des Harems", Scherz Verlag, Bern/München/Wien 1995, Seite 166 und 168.

einer ihr genehmen Person verheiraten zu lassen, gilt als respektabel und bleibt weiterhin in der Gesellschaft integriert. Verständlicherweise erwartet man unter diesen Umständen keine romantische Ehe. Man geht aber davon aus, dass die Frau mit der Zeit lernen wird, ihren Mann zu lieben. Und sobald eine Frau erst einmal mehrere Kinder von ihrem Mann hat, bricht ihr Widerstand gegen ihn notgedrungen zusammen.

Gemäß dieser Logik handelten beispielsweise auch die Kidnapper von Zana und Nadja Muhsen, deren Entführung in den Jemen ich bereits erwähnt habe[38]. Dass beide jedoch nach acht Jahren im Jemen immer noch zurück nach England wollen, erstaunte nicht nur ihre Familie, sondern auch den jemenitischen Polizeichef, der sich schließlich widerwillig mit dem Fall beschäftigen musste. Doch sogar sie, die doch englische Staatsbürgerinnen waren, hatten keine Möglichkeit, sich zu wehren.

Zwangsehen sind menschenunwürdig, obwohl sie in einigen Fällen erstaunlich gut enden mögen. Sie können nur funktionieren, wenn die Frau ihrem Mann blinden Respekt entgegenbringt, egal was geschieht und wie sie von ihm behandelt wird[39]. Innerhalb der Ehrenkultur sind die meisten Frauen in diesem System gefangen, weil sie sich das Verlassen des Ehemannes in wirtschaftlicher und sozialer Hinsicht gar nicht leisten könnten, egal wie sehr sie sich auch vor ihm ekeln oder ihn sogar hassen mögen. Weil man diese Situation bewusst nicht ändern will, lehnt die Ehrenkultur die Bildung der Frau ab oder akzeptiert sie bestenfalls nur widerwillig. Man fürchtet nämlich, dass das weibliche Geschlecht sich damit von ihrem Mann unabhängig machen könnte. Gezwungenermaßen finden sich die meisten Frauen mit ihrem Schicksal ab, da sie sich eine andere Lebensweise gar nicht

---

[38] Zana Muhsen, „Noch einmal meine Mutter sehen", S. 168.

[39] Welche erschütternden Szenen sich innerhalb einer derartigen Ehe abspielen können, erzählen betroffene Frauen aus Ägypten im Buch: Nayra Atiya, „Khul-Khaal – Fife Egyptian Women Tell Their Stories", Kairo University Press 1982.

recht vorstellen können. Und doch verstecken sich die erlittenen Demütigungen und die dadurch verursachten tiefen inneren Verletzungen nur knapp unter der Oberfläche ihrer Persönlichkeit. Auch wenn die Frau mit der Geburt ihrer Söhne und mit dem zunehmendem Alter immer mehr zu einer Respektsperson wird, bleiben doch in ihrer Seele die unverheilten Narben bestehen, die nur diejenigen verstehen können, die selbst jahrelang unter solchen traumatischen Erfahrungen gelitten haben.

Zwangsehen können nicht nur in Familien, sondern sogar in der Weltgeschichte zu regelrechten Katastrophen führen. So soll der Untergang des Römischen Reiches durch eine Zwangsehe beschleunigt worden sein. Nachdem der römische Kaiser Valentinian III. ermordet worden war, zwang der neue Kaiser Maximus dessen Witwe Eudoxia, ihn zu heiraten. Da diese aber allen Grund hatte zu glauben, dass er der Mörder ihres Mannes war, hasste sie ihn. Sie soll deshalb gemäß gewissen Überlieferungen die Vandalen zu Hilfe gerufen haben, welche Rom 455 überfielen. Das war dann der Anfang vom Ende des Römischen Reiches, auch wenn dieses noch zwanzig weitere Jahre überlebte.

Die wenigsten Frauen haben in Zwangsehen die Möglichkeiten, sich so zu wehren wie Eudoxia. Ihr gelang es, ihr Leiden sichtbar in die Weltgeschichte hineinzuschreiben. Um sich von ihrem aufgezwungenen Ehemann zu befreien, war sie sogar dazu bereit, ihre Vaterstadt in die Hände der furchtbaren Vandalen auszuliefern!

4. Grenzfall arrangierte Ehe

Bei unseren Überlegungen ist es wichtig, zwischen *arrangierten* und *erzwungenen* Ehen sorgfältig zu unterscheiden. Zwangsehen sind jedenfalls der falsche Weg und führen, wie wir oben gesehen haben, zu viel unnötigem Leid. Andererseits kann es durchaus hilfreich sein, wenn die Familie gemeinsam nach dem geeigneten Ehepartner sucht. Dies gilt aber nur unter der Bedingung, dass beide Hochzeitskandidaten jederzeit das Recht haben, die Sache zu stoppen. Scheich Abdalmuti in Kouloubs Roman „Ramsa" hat nicht ganz unrecht: Sich nur auf die Gefühle des Verliebtseins zu verlassen, ist keine Garantie für eine glückliche Beziehung. Das kann vergleichbar mit jemandem sein, der ein Haus deshalb kauft, weil ihm die Blumen im Garten gefallen. Verliebte sehen oft rosa, wie das Sprichwort sagt. Wer bei einer derart wichtigen Entscheidung nicht klar denken kann, läuft Gefahr, in eine Katastrophe zu rennen. Wenn wir ehrlich sind – haben wir im Westen nicht auch unzählige Menschen mit zerbrochenen Herzen aus Liebesbeziehungen, in die sie viel zu unvorsichtig hineingeschlittert sind? Unser ausgeprägter Individualismus kommt uns manchmal teuer zu stehen und fordert genauso seine Opfer wie das übertriebene Clandenken des Ostens. Der goldene Mittelweg könnte wohl für beide Seiten Gewinn bringen.

5. Ehrenmörder

Es mag eigenartig klingen, aber nicht nur die Getöteten zählen zu den Opfern des Ehrenwahns, sondern oft auch die Mörder. Auch ihr Leben verändert sich mit dieser Tat für immer, und zwar zum Schlechten. Eindrücklich wird diese Tatsache im Buch „Ehrenmorde – Geschichten von Männern, die töten" von Ayşe Önal, einer türkischen Journalistin, gezeigt. Sie hatte den Mut, mehrere Ehrenmörder im Gefängnis zu besuchen und zu interviewen.

Einer davon ist Battal[40]. Er liebte seine jüngere Schwester, die einst in seine Hände geboren worden war, mehr als seine eigenen Kinder. Sie verlor jedoch eines Tages ihre Ehre, weil sie dem falschen Mann vertraute. Während Battal und sein Bruder sie weinend umarmten, löste er den tödlichen Schuss aus. Er war überzeugt, dies tun zu müssen, auch zum Wohl seiner geliebten Schwester.

---

[40] „Ehrenmorde – Geschichten von Männern, die töten", Seite 248.

Im Bewusstsein, seine Pflicht getan und die Familie gerettet zu haben, ging er nach der Tat nach Hause, um die Hand der Mutter zu küssen. Doch diese sprach nicht mehr mit ihren beiden Söhnen und ihr Herz versagte. Sie überlebte die Gerichtsverhandlung nicht. „Es ist zu teuer, seine Ehre zurückzugewinnen", erzählt er später der Reporterin im Gefängnis.

Wer trägt die Verantwortung? „Du stehst letztlich vor der Wahl zwischen deiner Ehre und deiner Schwester. Du musst eines von beiden wählen. Entweder du zerstörst deine Schwester oder deine Ehre", sagte Battal. Aufgrund dieser Rahmenbedingungen schien es ihm, dass er bei der Ermordung seiner Schwester keine freie Wahl hatte. Aber er verlor auch seine Mutter und blieb sein Leben lang gezeichnet.

In einem anderen Gefängnis fand Ayşe Önal einen ganz freundlich wirkenden jungen Mann vor[41]. Und doch hatte er seine eigene Mutter umgebracht. Dahinter steckte eine lange Geschichte, welche auf seine Jugendzeit zurückging. Damals wurde ihm mit der Zeit immer klarer bewusst, dass der Cousin, der so oft auf Besuch kam, der Liebhaber seiner Mutter war. Der Junge behielt seine schreckliche Entdeckung für sich, denn der Respekt für die Mutter lähmte seine Zunge. Sein Vater, der als Nachtwächter arbeitete, ahnte nicht, was seit Jahren zu Hause geschah. Umso mehr wussten die Nachbarn. Dies wurde dem jungen Mann nicht nur durch häufige abschätzige Bemerkungen bewusst, sondern auch dadurch, dass er sowohl seine Arbeit als auch seine Braut verlor. Sein Onkel war es, der ihm wiederholt erklärte, es sei seine Pflicht, die Mutter umzubringen. Doch als er es dann wirklich tat, stritt der Onkel seine eigenen Worte ab. Niemand besuchte den Mörder im Gefängnis. Alle verabscheuten ihn nun.

In einem dritten Fall sind es die Nachbarn, die den jungen Familienvater Ilyas dazu bringen, seine Schwester zu erwürgen. Nie hätte er gedacht, dass er so etwas jemals tun würde. Er ist ein ganz anstän-

---

[41] Ayşe Önal, „Ehrenmorde – Geschichten von Männern, die töten", Seite 49 ff.

diger Mensch, der aus einer Gegend stammt, wo die Menschen nicht an Ehrenmord glauben. Doch als böse Gerüchte von einem liederlichen Lebenswandel seiner Schwester zunehmen und es ihr offenbar völlig egal ist, beginnt er an ihr zu zweifeln. Die Scheiben des Hauses werden wiederholt eingeschlagen, man spuckt ihm nicht nur vor die Füße, sondern auch ins Gesicht. Diese Vorkommnisse verursachen in ihm eine steigende innere Spannung. Als dann seine Schwester eines Nachts sogar noch betrunken nach Hause kommt und sich auf das Sofa zum Schlafen legt, als sei nichts passiert, kann er sich nicht mehr beherrschen und erwürgt sie wie im Rausch. Die Obduktion ergibt später allerdings zu seinem Schrecken, dass sie entgegen allen Gerüchten noch Jungfrau war.

Der Ehrenmörder ist in einer schrecklichen Situation. Es ist die Gesellschaft, die ihn zum Mord drängt, und es sind die gleichen Leute, die ihn nach der Tat im Stich lassen und auch noch schlecht über ihn sprechen. Eigentlich ist er genauso verloren wie sein Opfer.

6. Logik des Ehrenmordes

Ehrenmorde und Zwangsehen geschehen also nicht überraschend. Es sind auch nicht besonders bösartige Menschen, die sie ausführen. Diese Taten rühren aus einer bestimmten Kultur. Und die Täter sind ganz normale Leute, deren Denken durch diese Kultur geformt ist. Es sind Verbrechen, die innerhalb dieses Denkrahmens nicht als solche erscheinen. Fast so selbstverständlich, wie ein Apfelbaum Äpfel hervorbringt, so führt die unkontrollierte Ehrenkultur typischerweise zu Ehrenmord und Zwangsehe.

Welches sind nun die Äste, die derartige „Blüten" hervorbringen? Von welchem Stamm werden sie getragen und aus welchen Wurzeln genährt? Welches sind die Gedankengänge, die Millionen von Menschen so völlig logisch erscheinen, während wir im Westen sie als destruktiv und menschenfeindlich einstufen? Wieso leuchtet es ihnen ein, einen geliebten Menschen zu töten, meistens sogar ohne sich schuldig zu fühlen?

Die Erklärung, die sich in Wikipedia über Ehrenmorde finden lässt, trifft den Nagel auf den Kopf: „Die Befürworter des Ehrenmordes sehen darin kein Verbrechen, sondern eine soziale Notwendigkeit, die dem höheren Zweck diene, die Familie zu erhalten." Mit anderen Worten: Sie glauben, den einen Menschen töten zu müssen, um die ganze Familie dadurch zu retten. Obwohl es ihnen wehtut, einen ihnen nahestehenden Menschen zu töten und selbst vielleicht Jahre im Gefängnis zu verbringen, bringen sie dieses Opfer, um dadurch den Rest der Familie zu schützen. So sieht die Sache aus ihrer Sicht aus.

In unserer westlichen Kultur hingegen erachten wir einen Ehrenmord als Verbrechen. Wir können absolut keinen Nutzen darin sehen. Bei uns zählt das einzelne Opfer, nicht die „Ehre" der Sippe. Der orientalische Mensch glaubt jedoch, mit einer solchen Tat einen Gewinn zu erzielen. Dass ein Mord als etwas Positives empfunden werden kann, versteht man vielleicht in einer Kriegssituation. Obwohl der Tod etwas Schreckliches ist, sieht man es in der Schlacht als positiv, einen Gegner getötet zu haben, und zwar aus dem Grund, weil dieser feindliche Soldat dann nichts Böses mehr anrichten kann. Diesen Gedanken kann jeder Mensch nachvollziehen. Weiter können wir auch verstehen, dass es im Leben Situationen gibt, in denen man Opfer bringt, um etwas Größeres zu gewinnen. Das Leben zwingt uns manchmal zu großen Opfern, wenn wir unsere Ziele erreichen wollen.

Beispielsweise opfert ein Student seine Freizeit, um sein Examen zu bestehen. Er leidet und schimpft vielleicht über seine Universität, aber er ist gezwungen, trotzdem diesen Weg zu gehen, wenn er seinen Abschluss erhalten will. Oder eine Krebskranke nimmt schlimme Nebenwirkungen ihrer Medikamente auf sich und leidet daran vielleicht sogar mehr als an der Krankheit selbst. Doch sie bringt dieses Opfer, um ihr Leben zu retten.

Solch ein Opfer kann zum Beispiel auch zur Schadensbegrenzung bei einem Unglück nötig sein. Daher kommt das Sprichwort: „Der Kapitän verlässt als Letzter das sinkende Schiff." Das bedeutet, dass er sich für die Rettung der Passagiere schlimmstenfalls selbst opfern muss. Der Tod des Kapitäns ist durchaus etwas Schreckliches. Wenn er aber durch seinen Einsatz die Passagiere retten kann, dann empfinden wir, dass sein Tod einen Sinn hatte.

Noch ein letztes Beispiel dazu: Können wir uns den Schrecken eines Unfallopfers vorstellen, das sein Bein verliert? Niemals hätte dieser Mensch es freiwillig hingegeben. – Und doch gibt es Menschen, die sich bewusst ein Bein amputieren lassen, weil es sehr krank ist und sie sonst sterben müssten. Es ist ihnen lieber, ein Bein zu verlieren, als das ganze Leben. Sie opfern diesen Teil ihres Körpers, um ihr Leben zu retten. Nur für Uneingeweihte, welche die Details der Geschichte nicht kennen, mag es schwierig zu verstehen sein, wie jemand zustimmen kann, dass man ihm ein Bein amputiert.

Leider soll es auch schon vorgekommen sein, dass ein Arzt aus Versehen ein gesundes Bein amputiert hat. Die gleiche Familie, die dem Arzt gerade noch für seine Operation gedankt hat, ist es nun, die ihn deswegen vor Gericht anklagt. Ob ein Verlust als positiv oder negativ angeschaut wird, hängt also sehr von der Perspektive ab.

Durch solche Beobachtungen kann man vielleicht etwas davon ahnen, wie Menschen, die für Ehrenmorde und Zwangsheiraten verantwortlich sind, denken. Es ist ihnen nämlich durchaus bewusst, dass sie damit Leiden verursachen. Sie tun es aber trotzdem, weil sie glauben, die Familie damit vor einem noch größeren Leid zu bewahren.

So weit also unsere Theorie. Um zu prüfen, ob diese Annahmen auch wirklich stimmen, beschäftigen wir uns zunächst noch mit einer anderen Art von Ehrenmord, die meist gar nicht als solcher erkannt wird, aber doch die Frucht des gleichen Baumes ist.

7. Blutrache

Es sind nicht nur Frauen, die unter der Diktatur der unkontrollierten Ehrenkultur leiden. Wenn die Ehre zum Gott wird, dann sucht sich dieser immer neue Opfer. In europäischen Asylbewerberheimen kann man durchaus etliche dieser Opfer kennenlernen. Diese Menschen erklären, weder vor einem Krieg noch aus wirtschaftlicher Armut geflohen zu sein, sondern vor der sogenannten Blutrache[42].

Doch auch in Europa sind sie inzwischen nicht mehr sicher. So wurde zum Beispiel am 11. Mai 2013 ein Kosovare in Frasses im Schweizerischen Kanton Freiburg kurz nach Mitternacht vor seiner Garage von Unbekannten erschossen. Nachforschungen ergaben, dass seine Familie schon seit Langem in eine Fehde mit einem anderen Clan verwickelt war. Auch sein Vater und sein Bruder waren schon früher umgebracht worden. Wie man bereits seit Jahren befürchtet habe, sei er nun tatsächlich ein Opfer des kosovarischen Ehrenkodex geworden, erklärte seine Ex-Frau. Der sogenannte Kanun sei an ihm vollstreckt worden, welcher verlangt, dass jeder Mord mit einem Gegenmord gesühnt werden müsse[43].

Der Kommunismus hat diesen alten Brauch einige Jahrzehnte lang unterdrückt, aber nun lebt er wieder auf. „In Albanien trauen sich Zehntausende Kinder und Familienväter nicht mehr auf die Straße. Sie schließen sich jahrelang zu Hause ein, weil sie Angst haben, erschossen zu werden. Sie fürchten sich vor der Blutrache verfeindeter Familien"[44].

Ein anderer Medienbericht[45] wählte sogar die Schlagzeile „Alba-

---

[42] Auch in offiziellen Studien werden Ehrenmord und Blutrache gemeinsam genannt. Bsp.: http://www.mpicc.de/ww/de/pub/forschung/forschungsarbeit/kriminologie/ehrenmorde.htm

[43] Vgl. http://www.20min.ch/schweiz/news/story/29599841

[44] SRF, Rundschau, 5.11.2003.

[45] Focus online, 11.3.2013.

nien versinkt in mörderischer Gewalt" und bezifferte die Zahl der in den letzten zwanzig Jahren ermordeten Männer auf rund 10 000. Es ist dabei zu beachten, dass Albanien bloß ein Randgebiet der Problemzone ist, die sich über den Nahen Osten bis nach Indien und Malaysia erstreckt. Blutrache wird zum Beispiel auch in der Türkei verübt. So wurde 2009 von einer besonders schrecklichen Blutfehde aus Mardin im Südosten der Türkei berichtet.[46] Um eine Rache vonseiten der Überlebenden unmöglich zu machen, wurde während einer Verlobungsfeier eine gesamte Sippe von 44 Personen ausgelöscht.

In Ägypten wurden 2010 mehrere Kopten nach der Mitternachtsmesse beim Verlassen der Kirche erschossen. Anschließend konnte man im Internet lesen, dass es sich dabei nicht etwa um eine Christenverfolgung handelte. Vielmehr sei das Gerücht umgegangen, ein Christ habe ein zwölfjähriges muslimisches Mädchen vergewaltigt und deren Verwandte hätten sich nun dafür blutig gerächt.[47]

Ehrenmord und Blutrache scheinen auf den ersten Blick wenig Gemeinsames zu haben. Beim Ersteren wird im Normalfall eine Frau ermordet, die bewusst oder unabsichtlich bestimmte Fehler gemacht hat oder wenigstens in Verdacht geraten ist, diese begangen zu haben. Bei der Blutrache ist es dagegen ein Mann, der selbst unschuldig ist, aber stellvertretend für seine Sippe büßen muss. In beiden Fällen geht es letztendlich um das Gleiche, nämlich um das Auslöschen eines Schandflecks. Zwar fügt man einem Menschen Böses zu, aber dies ist nicht das eigentliche Ziel, sondern man tötet, um der eigenen Familie einen Dienst zu erweisen.

„Auge um Auge, Zahn um Zahn." Dieses biblische Prinzip aus dem Gesetz des Mose wird oft zitiert, um die Blutrache zu erklären. Dabei handelt es sich allerdings um ein Missverständnis. Moses fordert ja ausdrücklich, dass derjenige bestraft werden soll, der schuldig

---

[46] Zeit online, 6.5.2009.
[47] www.taz.de, 8.1.2010.

geworden ist, und zwar gemäß dem Maß an Schuld, das ihm nachgewiesen werden kann. Die Verwandten des Schuldigen sind nicht in Gefahr. Es wird dabei keine Kette von Rache- und Gegenmorden ausgelöst. Es geht auch nicht darum, eine Schande abzuwaschen, sondern allein darum, Gerechtigkeit herzustellen und die Spirale der Gewalt zu stoppen. Ganz im Gegensatz zum Blutracheprinzip ist das Gesetz des Mose zur Grundlage vieler Rechtsstaaten geworden.

Bei der Blutrache dagegen ist es unwichtig, ob der Täter oder jemand aus seiner Sippe getötet wird. Es geht gar nicht um Bestrafung, sondern einzig und allein um das Abwischen des Schandflecks und das Erlangen von Ruhm für die Familie. Zu diesem Zweck muss man unter Umständen lange warten, um den geeignetsten Moment zu erwischen. Derjenige, den es umzubringen gilt, wird vom Familienrat sorgfältig ausgewählt. Es soll möglichst ein junger, attraktiver, erfolgreicher und vielversprechender männlicher Angehöriger der feindlichen Sippe sein, auf den sie besonders stolz ist. Oft vergehen Jahre oder gar Jahrzehnte, bis plötzlich bei einer Abschlussfeier, Verlobung oder Hochzeit die Rächer auftauchen und die Schlüsselperson vor den Augen der Gäste hinrichten. Keiner der entsetzten Anwesenden kann etwas dagegen tun.

Es ist der Moment des größten Triumphs für die einen und der schlimmsten Demütigung für die anderen. Das ganze Dorf wird noch lange darüber spotten, dass alle seine Verwandten geflohen seien oder sich wie Angsthasen unter den Tischen versteckt hätten. Dagegen wird die Familie, die bisher verachtet wurde, nun als heldenhaft dastehen, weil sie sich zu rächen wusste. Kommt die Polizei, so lügen alle, sie hätten keine Ahnung, wer das gewesen sein könnte. Es wäre nämlich wiederum eine Schande, den Mord von der Polizei bestrafen zu lassen. So etwas würde nur eine „weibische" Familie machen, in der es keine richtigen Männer gibt. Man hat Zeit. In aller Ruhe wird der nächste Racheakt geplant.

Manchmal ist es möglich, die Sache mit einer Entschuldigung und Geldzahlungen in Ordnung zu bringen. Aber je mehr Blut geflossen ist, desto schwieriger wird das. Zudem wird eine finanzielle Einigung nur als die zweitbeste Lösung angesehen. Dadurch kann zwar die Blutfehde beendet werden. Doch in den Augen der Leute gilt eine solche Abmachung als nicht besonders ehrenhaft.

Uns in Mitteleuropa erscheint die Blutrache als völlig sinnlos. Im ursprünglichen Umfeld, wo sie entstanden ist, erfüllte sie jedoch durchaus eine wichtige Funktion. In staatenlosen Gesellschaften oder in solchen, in denen es vonseiten des Staates keinen rechtlichen Schutz des Einzelnen gab, schreckte die Angst vor Vergeltung mögliche Verbrecher ab. Damals konnte man nicht einfach die Polizei anrufen, wenn man überfallen worden war. Der Schutz der Sippe war es, der den Einzelnen bewahrte. Dieser Schutz hing natürlich von der Stärke der Großfamilie ab. Ein Verbrechen gegen ein Mitglied schwächte die ganze Gruppe. Gehörte jemand einer starken Sippe an, so getraute sich niemand, ihm etwas anzutun. Der beste Schutz für sich selbst war es also, eine feindliche Großfamilie durch das Töten des Besten zu schwächen. Genau das ist es, was bei der Blutrache geschieht[48].

Das war vor langer Zeit, als sich Staaten noch nicht wirksam um Verbrechen kümmerten und für den Schutz der Bürger sorgten. Heutzutage ist die Blutrache überflüssig, ja sogar überaus schädlich geworden. Befürworter der Blutrache weigern sich offenbar anzuerkennen, dass sich in der Zwischenzeit überall auf der Welt Staaten gebildet haben, in denen es Gesetze und Richter gibt. Die Clans der Ehrenkultur leben in ihrer eigenen Welt. Sie dienen ihrem eigenen Gott, dem Ehrengötzen, der sie blind macht und dessen Befehle sie um jeden Preis ausführen müssen, auch wenn sie dabei durch Mord und Gegenmord alle ums Leben kommen sollten.

Das ist eine große Tragik. Wenn wir oben schon feststellten, dass die Zwangsehe nicht nur zu Katastrophen innerhalb der Familie, son-

---

[48] Zum ursprünglichen Sinn der Blutrache und der Eindämmung durch feste Gesetze siehe: http://www.gra.ch/lang-de/gra-glossar/160

dern unter Umständen sogar auch in der Weltpolitik führt, so gilt dies noch viel mehr für die Blutrache. Das Blutrachedenken macht Vergebung unmöglich. Es macht die Menschen nachtragend und unberechenbar. Man kann mit einem Volk, das an die Blutrache glaubt, auf Dauer nicht in Frieden leben. Auch nach vielen Jahren kann es die erlittenen Demütigungen der Vergangenheit nicht vergessen und schaut insgeheim nach Gelegenheiten aus, um sich zu rächen. Eine solche Gesellschaft, die nicht zwischen Schuldigen und Unschuldigen unterscheidet, wird immer wieder auch Angehörige oder Verbündete eines anderen Volkes überfallen. Unbeteiligte werden erbarmungslos in das Kriegsgeschehen mit hineingerissen. Selbst wenn alle politischen Probleme der Welt gelöst würden, so wären diejenigen ausgenommen, welche mit Ehren- und Blutracheproblemen zu tun haben[49].

Man könnte sich fragen, ob es eigentlich nicht ganz einfach sei, den Teufelskreis der Blutrache zu durchbrechen. Derjenige, der einen Mord rächen sollte, müsste sich einfach weigern, dies zu tun, und schon wäre wieder Frieden im Land. Doch was geschieht, wenn der „Schandfleck" nicht ausgelöscht wird?

Die Sache ist leider keineswegs so einfach, wie sie scheint. Zum Ersten betrifft die Schande nicht eine Einzelperson, sondern immer eine ganze Verwandtschaft. Wenn also einer die Blutrache verweigert, so wird ein anderer sie ausführen. In Oberägypten habe ich von Fällen gehört, in denen alle Männer einer Familie sich weigerten, Morde zu rächen. Da nahmen die Frauen deren Gewehre und führten die Blutrache aus. Das war dann der Höhepunkt der Schande für die betroffenen Männer beider Familien.

Normalerweise sind die Männer jedoch bereit, Blutrache zu üben, weil sie sich dazu gezwungen sehen. Eine Familie, die in Schande fällt, wird nämlich von der ganzen Gesellschaft geächtet. Das kann vielfäl-

---

49 Ein Beispiel dazu ist die Rache von Al-Qaida-Terroristen an irakischen Christen. Da sie diese als Verbündete der westlichen Staaten einstuften, glaubten sie, die Amerikaner dadurch demütigen zu können, dass sie die wehrlosen arabischen Christen vertrieben.

tige negative Folgen im Alltag haben. Zum Beispiel wird man von immer weniger Menschen gegrüßt, denen man auf der Straße begegnet. Manche beginnen vielleicht sogar, voller Verachtung auf den Boden zu spucken. Niemand will mehr bei der geächteten Familie einkaufen, und wenn sie Arbeit oder eine Wohnung sucht, findet sie nichts. Wenn dann einer ihrer Söhne heiraten will, weigern sich die Väter, ihm ihre Tochter zur Braut zu geben. Niemand will mit einer Familie in Schande in denselben Topf geworfen werden. Im ganzen Dorf wird gemunkelt: „Gebt eure Tochter nicht in diese Familie. Die sind nämlich keine richtigen Männer, die können nicht einmal auf ihre Frauen aufpassen. Erinnert ihr euch nicht an das, was damals passiert ist …?" Wo sie auch auftauchen, wird hinter vorgehaltener Hand über sie getuschelt.

Auf diese Weise wird die betroffene Sippe immer mehr isoliert, bis sie schlussendlich keine andere Lösung mehr findet, als sich dem System zu beugen und sich durch die Blutrache ihren Platz in der Gesellschaft wieder zu erobern. Nur so kann sie überhaupt überleben. Auf diesem Hintergrund erscheint ein Ehrenmord in Form der Blutrache als eine vernünftige Lösung. Man tötet eine Person und rettet damit eine ganze Familie.

Ob es sich also um Ehrenmord im engeren Sinne, um Zwangsheirat, Unterdrückung der Frau oder um Blutrache handelt: Die Täter glauben, eine gute Tat zu vollbringen, weil sie damit eine noch größere Katastrophe abwenden, nämlich den sozialen Untergang der Familie. Für eine Sippe ist es eine Katastrophe, das Gesicht zu verlieren. Das ist in dieser Kultur derart unerträglich, dass man bereit ist, alles dafür einzusetzen, damit dies nicht geschieht.

8. Wahrheit oder Ehre?

Müssen wir in jeder Situation immer die Wahrheit sagen oder nicht? Alle Menschen stehen in dieser Spannung und es gibt wohl niemanden, der noch nie eine Notlüge benützt hätte. Oft lügen sogar schon Kinder, um beispielsweise einer Strafe zu entgehen. Aber auch Erwachsene verdrehen manchmal eine Tatsache, um sich aus peinlichen Situationen zu retten. Oder auch, um einen geliebten Menschen zu schützen. So zum Beispiel die Eltern. Ist es in Ordnung oder nicht, Negatives über die eigenen Eltern zu erzählen? In einer Ehrenkultur geht das jedenfalls auf gar keinen Fall. Damit würde man sich bei denjenigen, die zuhören, und bei vielen anderen disqualifizieren. Jemand, der schlecht über seine eigenen Eltern redet, dem vertraut nachher niemand mehr. Genauso wenig darf man öffentlich negativ über das eigene Volk reden. Auch damit könnte man für immer einen Fluch über sich bringen.

Deshalb leugnet beispielsweise die offizielle Türkei bis heute den Völkermord an den Armeniern und Aramäern. Diejenigen Türken, welche es wagen, die Wahrheit darüber zu sagen, werden gerichtlich verfolgt. Aus dem gleichen Grund feiern etwa auch die Ägypter bis in die Gegenwart jedes Jahr am 6. Oktober ihren Sieg in einem Krieg gegen Israel, den sie doch eigentlich – distanzierter betrachtet – gar nicht gewonnen haben.

Tass Saada beschreibt in seinem Buch „Ich kämpfte für Arafat"[50] sehr eindrücklich, wie er als Palästinserjunge während dieses Jom-Kippur-Kriegs im Oktober 1973 vor dem Fernseher saß und eifrig notierte, wie viele israelische Flugzeuge schon abgeschossen worden waren. Für jede getroffene Maschine, die erwähnt wurde, machte er einen Strich auf sein Notizblatt. Dabei kam er auf eine sehr hohe Zahl. Nie hätte er gedacht, dass Israel überhaupt so viele Flieger

---

[50] Tass Saada/Daniel Gerber, „Ich kämpfte für Arafat. Ein Fatah-Heckenschütze beginnt ein ganz neues Leben", Brunnen Verlag, Basel 2007.

haben könnte. Aber noch schockierter war er, als kurz darauf die Araber Israel um Frieden baten und sogar bereit waren, dafür Land abzutreten! Er verstand nicht, wie die arabischen Führer dazu kommen konnten, ihre Sache zu verraten, nachdem sie Israel besiegt hatten! Erst später wurde ihm klar, dass es die Araber waren, die den Krieg verloren hatten. Eine Berichtigung der Fehlmeldungen oder gar eine Entschuldigung gab es nie.

Die Sucht nach Ehre und die Angst vor Gesichtsverlust können derart dominieren, dass man die Realitäten gar nicht mehr erkennt. Ob man gesiegt hat oder nicht, wird dann nicht mehr von den Fakten bestimmt. Man muss den Sieg proklamieren, auch wenn er gar nicht stattgefunden hat. Von einem derartigen Denken werden natürlich auch die Geschichtsbücher beeinflusst. Es geht dann auch dort nicht darum, möglichst wahrheitsgetreu wiederzugeben, was in der Vergangenheit wirklich geschehen ist. Vielmehr wird die Situation so geschildert, dass die damaligen Feinde möglichst als ehrlose Bösewichte dargestellt werden. Das eigene Volk muss dagegen immer äußerst mutig, siegreich und edel dastehen. So schildern zum Beispiel schiitische und sunnitische Quellen die Geschichten rund um die ersten Kalifen auf ganz unterschiedliche Weise. Während der Kalif Umar bei den Sunniten als großzügiger und selbstloser Führer dargestellt wird, gilt er bei den Schiiten als bösartiger und brutaler Tyrann. Entsprechend feiern die Schiiten seinen Mörder Pirouz Nahavandi als „Tyrannenmörder", während die Sunniten ihn als moralisch verdorbenen Verräter beschreiben. Es ist klar, dass es derartige Widersprüche für spätere Generationen sehr schwierig machen, die Wahrheit herauszufinden.

Die meisten Hadithen[51] stützen sich auf Abu Hureira, Aischa und andere Freunde des arabischen Propheten. Bei den Sunniten gelten diese Persönlichkeiten in jeder Hinsicht als ehrwürdig und ihren

---

[51] Hadith („Bericht, Erzählung, Mitteilung") ist eine der Tausenden von Überlieferungen, die erzählen, was der Prophet Mohammed zusätzlich zum Koran gesagt hatte und wie er sich in bestimmten Situationen verhielt. Hadithen sind zusätzlich auch die Überlieferungen von Handlungen Dritter, die der Prophet gebilligt hat.

Überlieferungen wird bis heute blind vertraut. In schiitischen und anderen nicht arabischen Darstellungen wiederum werden ihnen derart schlimme Verschwörungen und schreckliche Verbrechen vorgeworfen, dass man keinem der von ihnen übermittelten Hadithen mehr glauben möchte. Ähnlich werden etwa im Film über das Leben Saladins[52] die Kreuzritter als moralisch völlig verkommen dargestellt, während die Muslime sich immer fromm, großzügig und nobel verhalten. Wer die historischen Quellen genau studiert, findet, dass Saladin tatsächlich noble Züge hatte. Vergleichbare großzügige Taten sind aber von seinem großen Gegenspieler Richard Löwenherz genauso überliefert. Ein an der Wahrheit interessierter Geschichtsschreiber wird andererseits nicht verschweigen können, dass sie beide ebenso brutal und geldgierig sein konnten.

Natürlich gibt es keine völlig objektive Geschichtsschreibung. Aber es spielt eine Rolle, ob der Versuch unternommen wird, das Geschehene in möglichst objektiver Weise zu berichten, oder ob eine Kultur es untersagt, etwas Negatives über das eigene Volk zu schreiben, weil dies als Schande empfunden würde. Genau das wäre jedoch wichtig für ein zukünftiges friedliches Zusammenleben. Man darf nämlich nicht vergessen, dass im Ehrendenken die Vergangenheit nie ganz von Gegenwart und Zukunft zu trennen ist. In den Erzählungen über erlittenes Unrecht schwimmt immer latent die Aufforderung mit, dieses zu rächen, um die Schande auszuwischen. Auf diese Weise lodert das Feuer des Zornes weiter und kann jederzeit zu neuer Gewalt führen.

Versuchen wir uns einmal vorzustellen, wie wir reagieren würden, wenn moderne deutsche Geschichtsbücher Adolf Hitler als moralisch hochstehenden Menschen darstellen würden, der das Unglück hatte, in vergangenen Zeiten von sensationslüsternen Reportern schlecht dargestellt zu werden. Was würde geschehen, wenn das deutsche Volk sich als Opfer einer internationalen Verschwörung sähe, dem man den Zweiten Weltkrieg aufgezwungen habe, um es zu zerstören? Und

---

[52] „Saladin", Ägypten, 1963.

wenn jede Hinterfragung dieser Darstellung als Beleidigung des deutschen Volkes betrachtet würde, für die man mit Buße, Gefängnis und Folter bestraft werden kann? Eine solche Sicht der Dinge kommt für uns zum Glück nicht infrage, weil wir die geschichtlichen Fakten kennen. Wenn es nicht so wäre, würde eine solche Lüge den Wunsch nach Rache wecken. Unweigerlich würde eine solch verdrehte Sichtweise zu Rassismus, Hass, eventuell sogar Gewalt und neuen Kriegen führen, insbesondere wenn Deutschland von einer Ehrenkultur geprägt wäre.

Je stärker eine Kultur vom Ehrendenken beherrscht wird, desto schwieriger wird es, objektive und ausgewogene Informationen über die Geschichte und die Politik zu erhalten. Es wird dann fast unmöglich, sich den Klischees und Feindbildern zu entziehen. So wiederholen sich die gleichen völlig unnötigen Kriege über viele Generationen hinweg regelmäßig immer wieder und viele Menschenleben werden sinnlos zerstört.

9. Austritt aus der Ehrenkultur

Wie bereits erwähnt, kam Ayaan Hirsi Ali nie bei Osman Moussa an, den ihr Vater als Ehemann für sie ausgesucht hatte. Auf dem Weg nach Kanada stieg sie in Holland aus dem Flugzeug und beantragte Asyl. Osman jedoch bewies, dass ihm seine Braut etwas wert war. Er reiste nach Europa und suchte sie. Schließlich kreuzte er mit einer Schar von Clanältesten bei ihr auf und organisierte eine offizielle Besprechung des Osman-Mahamud-Clans. Fairerweise betont Ayaan, dass sie dabei nicht geschlagen wurde[53]. „Es ging alles ohne Gewalt ab." Dass die gemäß der somalischen Kultur ehrbaren Männer sich die Mühe gemacht hatten, von weit her anzureisen, machte es

---

[53] Ayaan Hirsi Ali, „Mein Leben, meine Freiheit", Piper Verlag, München 2006, S. 292.

für Ayaan natürlich erst recht schwierig, sich ihnen zu widersetzen. Sie stand sozusagen in ihrer Schuld.

Trotzdem blieb sie bei ihrem Entschluss und erklärte, dass sie sich von Osman Moussa scheiden lassen wollte, ohne ihm einen Fehler vorzuwerfen. „Ich wollte ihn einfach nicht", schrieb sie später. Letztendlich sahen sich die Ältesten gezwungen, diesen Entschluss zu akzeptieren. Man befand sich schließlich in Holland. Wer allerdings seine Ruhe verlor, als er von diesen Ereignissen hörte, war ihr Vater. Er hatte ja bereits sein Gesicht verloren, und zwar durch die ganz einfache Tatsache, dass seine Tochter weder ihm noch ihrem Ehemann gehorchte. Nun hatte sie nicht einmal die Clanältesten respektiert. Dass es vielleicht ein Fehler gewesen sein könnte, seine Tochter gegen ihren Willen zu verheiraten – darüber nachzudenken, kam dem Vater nicht in den Sinn. Dies kann man ihm in gewissem Sinn sogar nicht verübeln, denn dieser Gedankengang existiert in der Ehrenkultur ganz einfach nicht. Er konnte gar nichts anderes sehen als die Schande, die ihr Ungehorsam für ihn bedeutete. Sie musste befürchten, dass er anreisen würde, um sie zu töten. „Seine Wut über die tiefe Verletzung seines Ansehens war wie ein Peitschenhieb für mich. Und ich bekam richtig Angst: Wenn er nach Holland kam, würde mein Vater mich schlagen, womöglich sogar töten. Ich hatte ihm tiefe Schande gemacht und wusste, dass er mich dafür bestrafen musste."[54] Dies geschah zum Glück aber nicht. Stattdessen erhielt sie einen letzten Brief von ihm. Dieser war in Rot, der Farbe der Feindschaft, geschrieben. Darin teilte der Vater ihr mit, dass er sie als tot betrachte, sie verfluche und sie für immer dem Teufel anbefehle.

Irgendwie hatte sie im Tiefsten damit gerechnet, dass der Vater ihr Verständnis entgegenbringen werde. Denn eigentlich war es eben dieser Vater gewesen, der von klein auf freiheitliche Gedanken in sie gepflanzt hatte. Doch nun musste nicht nur er, sondern die ganze Familie unter dem Hohn der Gesellschaft leiden. „Weißt du, wie man mich

---

[54] Ebenda, Seite 294.

hier behandelt?", fragte die Mutter am Telefon. Dann fügte sie hinzu: „Du hast einen schrecklichen Fehler gemacht, aber du wirst für immer mein Kind sein."[55] Obwohl Ayaan eine außergewöhnlich willensstarke Frau ist und ihren Entschluss durchzog, durchlitt auch sie gefühlsmäßig die schrecklichsten Qualen. „Ich dachte, ich müsse sterben und würde im Jenseits aufwachen, wo man sich nicht vor Allahs Gericht verstecken kann", schreibt sie[56].

Es war für Ayaan nicht möglich gewesen, ihren Ehemann abzulehnen, ohne gleich als Verräterin an der ganzen Kultur ihres Volkes dazustehen. Sie galt nun als „Kafir", das heißt als „Ungläubige". Wegen einer Entscheidung über eine familiäre Angelegenheit, die nichts mit Religion zu tun hatte, wurde sie fortan als Ex-Muslimin eingestuft. Wäre sie in Reichweite der Familie gewesen, so wäre sie wohl umgebracht worden wie viele andere vor ihr. So wurde sie „nur" verflucht und man wünschte ihr, sie solle für immer mit dem Satan in der Hölle schmoren.

Dieses Beispiel zeigt, wie schwierig es in der Ehrenkultur ist, die Dinge voneinander zu trennen. Eine Frau, die den für sie ausgesuchten Bräutigam ablehnt, hat damit automatisch – auch wenn sie noch so sehr das Gegenteil beteuert – auch zugleich ihren Vater und die Ältesten zutiefst beleidigt. Ginge es nur um den Ehemann, so wäre ein Einlenken wohl noch möglich. Aber eine Tochter, die ihrem Vater nicht gehorcht, macht ihn damit nicht nur lächerlich, sondern beraubt ihn seiner Ehre. Es ist, als ob sie ihn umgebracht hätte. Und nicht nur ihn, sondern alle Männer der Familie und die seit vielen Generationen sorgsam gepflegte Familientradition. Ihre Eltern werden von diesem Moment an tagtäglich verächtlichen Blicken und spöttischen Bemerkungen ausgesetzt sein, gegen die sie sich nicht verteidigen können. Unter diesem ständigen Druck wächst der Hass gegen

---

[55] Ebenda, Seite 295.
[56] Ebenda, Seite 296.

51

die Tochter, die dies alles verschuldet hat. Kein Wunder also, dass dieser Überdruck sich dann irgendwann einmal durch das einzige Ventil entleert, welches aus diesem Hexenkessel hinauszuführen scheint: im Entschluss zum Ehrenmord.

Ebenfalls die Familientradition mit Füßen getreten hat die Pakistanerin Gulshan Esther. Dabei half es ihr wenig, dass sie ungewollt in diese Sache hineingerutscht war. Das begann wegen ihrer Kinderlähmung, welche sie von klein auf an ihr Bett fesselte. Glücklicherweise stammte sie aus einer reichen Familie, sodass sie sich keine finanziellen Sorgen machen musste, auch wenn sie nicht arbeiten konnte. Sie widmete sich stattdessen ganz der Religion. Da sie sich so sehr nach Heilung sehnte, durchsuchte sie den Koran immer wieder nach Versen, die ihr Hoffnung geben konnten. Dabei fiel ihr auf, dass der Prophet Isa, wie Jesus im Koran heißt, nicht nur Kranke heilte, sondern sogar Tote auferweckte. Sie begann, täglich die ihn betreffenden Verse zu lesen und um Heilung zu bitten. Damit fuhr sie Tag für Tag fort, bis sie nach drei Jahren eine einzigartige Begegnung erlebte. Der geliebte Prophet Isa habe sie besucht und tatsächlich geheilt, erzählt sie in ihrem Buch. Niemand hatte damit gerechnet. Ihre Familie freute sich so sehr, dass sie ein riesiges Freudenfest organisierte.

Ausgerechnet an diesem Fest entstand dann aber ein großes Problem. Safdar Schah, das religiöse Oberhaupt der Familie, bangte um den Ruf des Clans und verlangte von Gulshan zu sagen, es sei der Prophet Mohammed gewesen, der sie geheilt hatte. Doch sie weigerte sich, weil dies ja nicht der Wahrheit entsprach. Damit begann eine Auseinandersetzung, die nicht nur zu Gulshans Verstoßung aus der Familie, sondern sogar zu einem Mordanschlag gegen sie durch ihre beiden Brüder führte. Sie musste schließlich ins Ausland fliehen.

So verschieden die Geschichten von Ayaan Hirsi Ali und Gulshan Esther sind, so zeigen doch beide, in welch dramatische Situation man gerät, wenn man sich auch nur in einem Punkt nicht dem Diktat der Ehrenkultur beugt. Man gilt bald als Verräter am eigenen Volk und an der Religion. Angst und Furcht prägen fortan das Leben der

Betroffenen. Die Probleme beginnen keineswegs erst bei Unkeuschheit, Ehebruch oder Blutrache. Wenn Ayaan nicht so weit weg von ihrem Vater leben würde oder wenn ihr Mann weniger gutmütig gewesen wäre, so hätte ihre Scheidung sehr wohl tödlich enden können. Manche Ehrenmorde werden von Ehemännern begangen, die es ganz einfach nicht ertragen, dass ihre Ehefrau die Scheidung fordert und sie damit als Versager dastehen.

Die kurdisch-türkischstämmige Berliner Rechtsanwältin Seyran Ateş hat beobachtet, „dass die meisten türkischen oder kurdischen Frauen, die es wagten, den gewalttätigen Ehemann zu verlassen, Angst davor hatten, getötet zu werden. Die Drohung, dass eine Frau bei Fehlverhalten mit dem Tod bestraft werden könnte, wird in türkischen und kurdischen Familien oft ausgesprochen. Viele Frauen hören sie von Kindheit an", und auch wenn es meist bei der Androhung bleibe, schafften derartige Worte eine tief sitzende Angst, die durch die Berichte über Ehrenmorde noch gefestigt werde.[57]

Typisch für Ehrenkulturen ist auch die Verachtung bestimmter Völker oder Volksgruppen. Dies zeigt sich beispielsweise in Indien, wo Ehepaare deswegen umgebracht werden, weil sie über die Kastengrenzen hinweg geheiratet haben.

Jede Infragestellung der überlieferten Kultur kann also verheerende Folgen haben. Dazu gehört, wie im Fall von Gulshan, auch der religiöse Bereich. Dabei spielt es keine Rolle, dass sie nie die Absicht gehabt hatte, gegen die Regeln der Religion ihrer Familie zu verstoßen. Es half ihr auch nicht, dass sie den Koran gründlicher studiert hatte als alle anderen Familienmitglieder und ausgerechnet durch dessen Verse auf den Prophet Isa, den Heiler ihrer Krankheit, aufmerksam geworden war. Beim Freudenfest entstand in kurzer Zeit ein unlösbarer Konflikt. Es war nicht angemessen, die ganze Zeit den Propheten Isa zu erwähnen und den Propheten Mohammed zu ver-

---

[57] Seyran Ateş, „Der Multikulti-Irrtum. Wie wir in Deutschland besser zusammenleben können", Ullstein Verlag, Berlin 2007, Seite 103 f.

nachlässigen. Wenn im Land bekannt würde, dass jemand aus dieser Familie zu christlichem Gedankengut neigte, konnte dies zu einer unendlichen Kette von Problemen führen. Davor graute den Clanchefs mehr als davor, Gulshan zu verlieren. Obwohl es ihr nur darum ging, bei der Wahrheit zu bleiben, galt sie plötzlich als Verräterin.

Schlimmes erlebte auch ein junger Geschichtsprofessor der islamischen Al-Azhar-Universität in Kairo[58]. Bei seinen Studien geriet er in einen Gewissenskonflikt. Sollte er die Dinge den Studenten so erzählen, wie sie wirklich in den alten Büchern standen, oder so, wie die Regierung es ihm vorschrieb? Er versuchte, einen Mittelweg zu finden, geriet aber in immer mehr Konflikte und verlor schließlich sogar seine Stelle. Aber nicht genug damit. Um drei Uhr morgens stürmten fünfzehn bis zwanzig mit Kalaschnikows bewaffnete Geheimpolizisten das Haus seines Vaters und zerrten ihn hinaus. Mehrere Wochen lang fanden seine Eltern nicht heraus, wo er war, während er in einem Bunker gefoltert wurde. Schließlich konnte ein Onkel, der ein Parlamentsmitglied war, seine Entlassung durchsetzen. Später händigte die Polizei seinem Vater folgende Erklärung aus: „Wir erhielten ein Fax von der Azhar-Universität, das Ihren Sohn beschuldigte, sich vom Islam abgekehrt zu haben. Doch nach einem fünfzehntägigen Verhör haben wir keine Beweise dafür gefunden."

Woher nahmen diese Polizisten das Recht, einen rechtschaffenen Bürger mitten in der Nacht zu entführen und ihn auf eine Art zu behandeln, wie es anderswo nicht einmal gegenüber den schlimmsten Kriminellen erlaubt ist? Wieso durften sie ihn wochenlang grausam foltern, nur weil sie vermuteten, er sei in eine Glaubenskrise geraten? Wieso wollte sein Zellenkollege ihn gleich umbringen, sobald man ihm erzählt hatte, dass der Historiker den Islam verleugne? Wie kamen später zwei wildfremde Männer mit langen Bärten und traditio-

---

[58] Siehe Mark A. Gabriel, „Islam und Terrorismus: Was der Koran wirklich über Christentum, Gewalt und die Ziele des Djihad lehrt", Resch Verlag, Gräfelfing 2004.

nellen weißen Kleidern dazu, ihn mitten auf der Straße mit Messern schwer zu verletzen, nur weil sie gehört hatten, er sei ein gottloser Mensch? Und was war das für eine unheimliche Macht, die seinen eigenen Vater dazu brachte, mit dem Revolver auf ihn zu schießen, als er dann tatsächlich später Christ wurde?

Nach dem Beschluss der UNO ist Religionsfreiheit ein Menschenrecht. Doch das ist offensichtlich keine Selbstverständlichkeit. In manchen Kulturen gilt jemand, der die Religion wechselt, automatisch als ein Verräter an seiner Familie und an seinem Volk. Dabei wird nicht nach dem Grund der Konversion gefragt. Es wird auch nicht unterschieden zwischen jemandem, der offensichtlich eine tiefe religiöse Erfahrung gemacht hat bzw. durch Studien zu einer neuen Überzeugung gekommen ist, und einem anderen, der sich um wirtschaftlicher Vorteile willen für einen anderen Glauben entschieden hat. Beide gelten als genauso schamlos. Man munkelt etwas über ihre versteckten Motive und bald schon kursieren die verrücktesten Verleumdungen über sie, denen nur allzu gern Glauben geschenkt wird.

Sollte es dann zur Aussprache kommen, so darf ein Ex-Muslim nicht erwarten, dass ihm eine faire Chance gegeben wird, seinen Standpunkt darzustellen. Es wird in diesem Gespräch wohl kaum um inhaltliche Fragen gehen, sondern einzig und allein darum, ihm bewusst zu machen, welch eine Schande er über seine Familie gebracht hat. Um eine größere Katastrophe zu verhindern, können durchaus Schläge und Folter angewendet werden. Gelingt es nicht, den Abtrünnigen zum anerkannten Glauben zurückzubringen, kann es schlimmstenfalls sein Leben kosten.

Der Mord an vom Glauben Abgefallenen ist ebenfalls eine verbreitete Art von Ehrenmord. Viele meiner muslimischen Freunde, die ansonsten sehr nette Leute sind, verteidigen mir gegenüber die Überzeugung, dass Ex-Muslime getötet werden sollen. Diese Denkweise ist sogar als Gebot im Schariagesetz verankert. Deshalb steht beispielsweise in Saudi-Arabien und im Iran auf Abfall vom Islam die Todesstrafe.

Sabatina James hat nach ihrer Weigerung, eine Zwangsehe einzugehen, schließlich wegen der häuslichen Gewalt ihre Familie verlassen. Ihre Eltern wissen seither nicht, wo sie wohnt. Mit achtzehn lernte sie durch einen Mitschüler die Bibel kennen und konvertierte. Damit war sie doppelt gefährdet. Trotzdem willigte sie noch einmal in ein Gespräch mit ihren Eltern ein. Ihr Onkel Ahmed war dabei, weil er seit Langem häufig in ihrer Familie zu Besuch war. Als Sabatina sich zu ihrem christlichen Glauben bekannte, bekam sie vierzehn Tage Zeit, um zum Islam zurückzukehren. Im Beisein ihrer Eltern sagte der Onkel: „Wir geben dir zwei Wochen. Wenn du nicht wieder Mohammed annimmst, müssen wir dich töten." Ihr Vater wiederholte diese Drohung und untermauerte sie mit den Worten: „Die Familienehre ist wichtiger als mein oder dein Leben ... Wer unserem Glauben den Rücken kehrt, hat den Tod verdient. Wir sterben lieber selbst, als mit dieser Schande weiterzuleben."[59]

Ihr Verlobter Salman war inzwischen von ihren Eltern adoptiert worden und konnte so nach Österreich kommen. Er warf Sabatina vor, am Tod seines Vaters schuld zu sein, weil sie nicht mit ihm, Salman, zusammenlebte. „Ahmed hat recht, man muss dich umbringen. Und genau das werde ich tun!"[60] Sabatina wusste, dass das keine leere Drohung war. Noch am selben Tag verließ sie Linz für immer.

Das war 2002. Seitdem lebt sie auf der Flucht. „Nach der Scharia hätte jeder Moslem das Recht, mich umzubringen."[61] Später geht sie nach Hamburg. Bis heute lebt sie im staatlichen Opferschutzprogramm. Sie will aber nicht nur Opfer sein, sondern etwas tun. So gründete sie „Sabatina e.V.", einen Verein zum Schutz von Mädchen und Frauen vor dem militanten Islam. Mit ihren Bestsellern „Sterben sollst du für dein Glück" und „Nur die Wahrheit macht uns frei"

---

[59] Sabatina James, „Sterben sollst du für dein Glück", Seite 219.

[60] Ebenda, Seite 225.

[61] Ebenda, Seite 233.

wurde sie landesweit bekannt. Viele Betroffene suchen seitdem die Hilfe ihrer Organisation.

10. Tod für Beleidigung

Leider ist der Mord an Ex-Muslimen wegen ihres Glaubenswechsels noch nicht die traurigste Entdeckung, die wir bei der Beschäftigung mit der Ehrenkultur machen können. Um ein Todesurteil zu verhängen, genügt unter Umständen schon eine Beleidigung.

Niemand mag es, beschimpft oder beleidigt zu werden. Schon Kinder können sich wegen Schimpfwörtern in die Haare geraten, und wenn sie nicht aufpassen, werden ihre Eltern womöglich noch in den Streit mit hineingezogen. Noch extremer spielt sich das in Ehrenkulturen ab. Jede öffentliche Beleidigung ist ein ernst zu nehmendes Problem, auf das man richtig reagieren muss. Wer Schwäche zeigt, schadet seiner Familie, und das kann unter Umständen später viele Probleme nach sich ziehen.

Wegen Beschimpfungen und Ehrverletzungen kann man fast überall auf der Welt gerichtlich belangt werden. In Deutschland sind „üble Nachrede", „Beleidigung", „Verleumdung", „Verunglimpfung" Straftatbestände, wenn sie gerichtlich nachgewiesen werden. Denn wer irgendwelche Lügen über andere Menschen in die Welt setzt, kann viel Schaden anrichten. In der Schweiz sind zum Beispiel im Fall von Verleumdung Strafen von bis zu drei Jahren Gefängnis vorgesehen. Das Ansehen einer Person ist wichtig, denn jeder ist auf das Vertrauen der Mitmenschen angewiesen. Wenn jemand als Dieb bezeichnet wird, kann es für ihn schwierig werden, Arbeit und Wohnung zu finden. Die Beschuldigung des Ehebruchs wiederum könnte seine Familie zerstören. Ungerechtfertigte Anschuldigungen sind deshalb strafbar. Nur wenn der Kläger vor Gericht beweisen kann, dass er berechtigten Grund für seine Verdächtigungen hatte, wird er freigesprochen. Jeder Mensch hat ein Recht darauf, respektiert zu werden.

Ganz anders liegen die Dinge in der Ehrenkultur. Dort kommt es sehr darauf an, wen man beschimpft. Ist es eine junge oder untergebene Person, so zieht das meistens keine weiteren Konsequenzen nach sich. Handelt es sich aber um eine Respektsperson, wird damit unter Umständen ein Riesenproblem geschaffen, denn die angegriffene Person kann derartige Anschuldigungen nicht einfach auf sich sitzen lassen. Es muss etwas getan werden, um die angeschlagene Ehre wiederherzustellen. Wurde gar die Religion oder Gott beleidigt, fühlt sich nicht nur jeder Gläubige, sondern sogar der Staat dazu verpflichtet, bei der Bestrafung des Schuldigen mitzuhelfen.

Mit einem blauen Auge kam der international renommierte türkische Pianist und Komponist Fazil Say davon, der in Deutschland studiert hat. Er fragte in einem Tweed, ob das islamische Paradies eine Kneipe oder ein Bordell sei. Im April 2013 wurde er daraufhin wegen Blasphemie zu zehn Monaten Haft auf Bewährung verurteilt.

Ganz anders erging es dem ägyptischen Lehrer Bishoy Kamel für ähnliche Äußerungen im September 2012. Er erhielt wegen „Schmähung des Islam" und „Beleidigung des Propheten Mohammed sowie des Präsidenten Mursi" ein Urteil von sechs Jahren[62]. Dabei musste die Polizei ihn sogar noch vor wütenden Islamisten schützen, die ihm viel Schlimmeres antun wollten.

„Wer den Propheten Mohammed beleidigt, verdient die Todesstrafe", erklärte Murat K., der am 5. Mai 2012 in Bonn zwei Polizisten mit einem Messer schwer verletzt hatte. In Deutschland löste er mit seinen Erklärungen Kopfschütteln und Entsetzen aus. Doch wenige wissen, dass es Länder gibt, in denen gerade diese Ansichten gesetzlich verankert sind. Die weltweit strengsten Blasphemiegesetze soll es in Pakistan geben. Dort kann man für Beleidigung des Korans oder des islamischen Propheten offiziell zum Tod verurteilt wer-

---

[62] Ägyptische Zeitungen berichten, dass er erklärte, die Kommentare auf Facebook stammten nicht von ihm, da sein Konto von Unbekannten gehackt worden sei. Siehe: http://english.ahram.org.eg/NewsContent/1/0/53201/Egypt/0/Egyptian-Copt-jailed-for-insulting-Islam,-Morsi-on.aspx

den. Asia Bibi, eine Mutter von fünf Töchtern, ist die erste Frau in der Geschichte Pakistans, die wegen angeblicher Lästerung Mohammeds zum Tode verurteilt wurde, und zwar am 8. November 2010 in Nankana aufgrund des Artikels 295 B und C des Strafgesetzbuches. Zwar können die meisten derartigen Urteile durch Appellation an höhere Gerichte wieder aufgehoben werden, aber regelmäßig geschehen Morde an Angeklagten durch eine zornige Volksmenge. Sogar der Gouverneur des pakistanischen Bundesstaates Punjab, Salman Taseer, und der Minister für religiöse Minderheiten, Shahbaz Bhatti, wurden am 4. Januar bzw. 2. März 2011 erschossen, weil sie sich gegen das Blasphemiegesetz ausgesprochen hatten. Daraus ist ersichtlich, dass diese Mordgedanken in der Bevölkerung selbst sogar noch tiefer verwurzelt sind als im Gesetz.

Eine ähnliche Gesinnung lässt auch folgender Bericht über Ereignisse in Indonesien erkennen. Es ist ein Beispiel, das sich vielfach wiederholt:

„8. Febr. 2011. Etwa 1500 Menschen hätten am Dienstag in der Stadt Java gegen das aus ihrer Sicht zu milde Urteil gegen einen Christen wegen Beleidigung des Islam demonstriert, sagte ein Polizeisprecher. Der Mann war demnach zur für derartige Vergehen zulässigen Höchststrafe von fünf Jahren Gefängnis verurteilt worden, weil er laut Urteil Flugblätter verteilt hatte, die den Islam beleidigen.

Der aufgebrachte Mob habe die Todesstrafe für den Christen oder seine Auslieferung an das Volk gefordert. Die Protestteilnehmer hätten die Scheiben von zwei Kirchen eingeschlagen und die Gebäude angezündet.

Während des Angriffs auf die Kirchen hätten die Demonstranten ‚Töten, töten‘ gerufen, sagte der Polizeisprecher. Sie hätten außerdem die Polizisten mit Steinen beworfen. Die Einsatzkräfte hätten daraufhin Tränengas eingesetzt und Warnschüsse in die Luft abgefeuert, mittlerweile habe sich die Lage beruhigt. Die Nachrichtenagentur Antara berichtete, ein Polizeifahrzeug sei angezündet worden.

Am Sonntag hatte eine Menge drei Mitglieder der muslimischen

Minderheit der Ahmadi-Bewegung getötet. Zu dem Angriff hatte eine islamistische Gruppe aufgerufen, die Angehörige der Ahmadi-Bewegung als Ungläubige betrachtet."[63] Wie die weltweiten Reaktionen auf die sogenannten Mohammed-Karikaturen, die am 30. September 2005 begannen, zeigen, ist ein derartiges Denken auch außerhalb von Pakistan und Indonesien weit verbreitet. Um die Ehre des islamischen Propheten wiederherzustellen, mussten etwa hundert unschuldige Menschen sterben[64]. Alle Dänen, die sich zufällig im Ausland befanden, mussten um Hab und Gut und um ihr Leben fürchten. Bald darauf hatte der islamkritische Mohammed-Film „Innocence of Muslims" ähnliche Konsequenzen. Auch wenn der Film bewusst bösartige und beleidigende Inhalte aufweist, ist es doch nur innerhalb der Ehrenkultur verständlich, dass deswegen ungefähr dreißig unbeteiligte Personen innerhalb kurzer Zeit bei Racheakten getötet wurden[65]. Auch beim Terroranschlag auf die Redaktion der Satirezeitschrift „Charlie Hebdo" in Paris vom 7. Januar 2015 ging es darum, die Ehre des Propheten Mohammed wiederherzustellen. In diesem Fall wirkten einige Mohammed-Karikaturen auch auf mich so ehrverletzend, dass ich hier auf eine Beschreibung verzichte. Jedoch ist für uns im Westen nicht in jedem Fall nachvollziehbar, worin die Ehrverletzung besteht.

Geradezu widersinnig waren die Ausschreitungen und Anschuldigungen gegen Katholiken aufgrund einer Rede von Papst Benedikt XVI., die er am 12. September 2006 in Regensburg hielt. Dabei entstand ein Missverständnis, das geradezu als Paradebeispiel dafür gelten kann, wie von der Ehrenkultur geschaffene Fehlschlüsse zu rie-

---

[63] So ein Bericht der 20-Minutenzeitung vom 8. Febr. 2011; mit „Ahmadi-Bewegung" ist die Ahmadiyya-Bewegung gemeint. Siehe: http://www.ahmadiyya.ch/cms/downloads/zeitungsartikel/verfolgung/indonesien/februar11/20min_Drei_Ahmadi_in_Indonesien_getoetet.pdf

[64] So nach Wikipediaeintrag: http://de.wikipedia.org/wiki/Mohammed-Karikaturen

[65] Ein Überblick über die Ereignisse rund um den Film findet sich unter: https://de.wikipedia.org/wiki/Innocence_of_Muslims

sigen Problemen führen können: Eine Passage dieser Rede wurde von vielen Muslimen als Beleidigung des Islam aufgefasst. Eigentlich hätte sich gar niemand beleidigt fühlen müssen. Es waren nämlich gar nicht seine eigenen Worte, die dem Papst übel genommen wurden. Vielmehr erregte sein Zitat eines byzantinischen Kaisers, der sich vor langer Zeit im Krieg mit den Türken befunden hatte, den Unmut. Wer aber die Papstrede als Ganzes studiert, findet darin keinen explosiven Inhalt[66]. Benedikt hatte sich die Worte des Kaisers nicht zu eigen gemacht. Wieso sollte der Papst auch die Muslime angreifen, ausgerechnet im Zeitalter des Dialogs zwischen den Religionen? Er war verständlicherweise sehr überrascht darüber, wie seine Rede ausgelegt wurde. Sie war gar nicht an Muslime gerichtet gewesen. Doch jemand stellte sein Zitat ins Internet. Und bald erhob sich ein enormer weltweiter Protest mit negativen Konsequenzen für zahlreiche Christen in islamischen Ländern. Selbst wenn der Papst etwas Negatives über den Islam gesagt hätte, was wäre daran so schlimm gewesen? Es ist doch klar, dass ein katholischer Papst nicht nur Positives im Islam sieht. Andernfalls wäre er wohl ein muslimischer Scheich geworden und nicht ein katholischer Priester. In islamischen Medien werden täglich weitaus extremere Anschuldigungen gegen andere Religionen erhoben. Zutreffend kommentierte damals der Volksmund, dass man mit Gewaltreaktionen und Drohungen den Papst von der friedfertigen Natur des Islams zu überzeugen versuchte ... Dies sind die Widersprüche, welche die Ehrenkultur produziert, ohne es zu merken.

In der westlichen Kultur ist es möglich, dass eine Respektsperson beleidigt wird, ohne dass jemand den Angegriffenen verteidigt. Wer aber in einem Volk mit Ehrenkulturdenken aufgewachsen ist, kann nicht neutral danebenstehen, wenn so etwas geschieht. „Schweigen

---

[66] Zu den Anschuldigungen von muslimischer Seite siehe: http://www.sueddeutsche. de/politik/umstrittene-papst-rede-empoerung-schlaegt-in-gewalt-um-1.876398. Die katholische Darstellung siehe unter: http://www.kath-info.de/papst_islam. html

ist das Zeichen der Zustimmung"[67], sagt ein arabisches Sprichwort. Wenn jemand zu Beschimpfungen schweigt, wird angenommen, dass er sie bejaht.

In manchen Kulturen können derartige Geschehnisse viel lockerer genommen werden. Der Autor Dan Brown etwa behauptet in seinem Roman „Sakrileg – The Da Vinci Code", Jesus habe in Wirklichkeit Maria Magdalena geheiratet und mit ihr Kinder gezeugt. Diese provokative Behauptung war ohne Zweifel für überzeugte Christen verletzend. Weil von diesem Buch über achtzig Millionen Exemplare verkauft wurden und es auch verfilmt wurde, haben sich viele Christen darum bemüht, die darin enthaltenen Behauptungen als unhistorisch zu widerlegen. Aber Dan Brown musste in keinem Moment um sein Leben fürchten, noch wurde jemals der Verlag oder eine Buchhandlung abgebrannt.

Im 19. Jahrhundert stellten Vertreter der Liberalen Theologie die Behauptung auf, dass Jesus in Wirklichkeit nie Wunder getan habe. Diese seien später hinzugedichtet worden, um die geistlichen Wahrheiten, die Jesus lehrte, auf eine Art darzustellen, die für das wundersüchtige einfache Volk einleuchtend gewesen seien. Verschiedene liberale Theologen brachten mit derartigen Theorien beißenden Spott über konservative Christen, die damit als ungebildete Hinterwäldler dargestellt wurden. Aber weder Albrecht Ritschl oder später Rudolf Bultmann noch irgendein anderer Exponent dieser theologischen Richtung wurden Opfer eines Mordanschlags.

11. Ehrenselbstmord

Noch haben wir nicht alle Arten von Ehrenmorden angeschaut. Der grausame Götze Ehre weiß seine Untaten so gut zu verstecken, dass viele Menschen gar nicht merken, was er alles anrichtet. Die ganze Welt wundert sich über die Selbstmordattentate, in denen junge Män-

---

[67] „As sukuut aalamt ar rida."

ner sich selbst opfern. Niemand würde dahinter Ehrenmorde vermuten. Doch Ehrenselbstmorde gibt es bereits seit Urzeiten in allen möglichen Kulturen. Davon erzählt uns schon die Bibel.

Als Saul, der erste jüdische König, einst erkannte, dass er die entscheidende Schlacht gegen seine Erzfeinde, die Philister, verloren hatte, befahl er seinem Waffenträger, ihn umzubringen, damit er nicht lebendig in die Hände seiner Gegner falle. Der Waffenträger brachte jedoch eine solche Tat nicht übers Herz. Da nahm Saul sein Schwert und stürzte sich hinein. Als der Waffenträger sah, dass Saul sich das Leben genommen hatte, stürzte auch er sich in sein Schwert und starb mit seinem Herrn. Später fanden die Philister den Leichnam von König Saul und hängten diesen an die Mauer einer Ortschaft namens Bet-Schean. Der tote König hatte aber Freunde in einer anderen Stadt namens Jabesch. Diese kamen in der Nacht und nahmen den Leichnam. Unter Einsatz ihres Lebens holten sie ihren König heraus und begruben ihn ehrenhaft[68].

In dieser Geschichte kann man gleich eine ganze Reihe von Merkmalen einer Ehren-Schande-Kultur entdecken. Aber was uns hier besonders interessiert, ist der Selbstmord des Königs. Er wollte lieber sterben, als dem beißenden Spott seiner Feinde hilflos ausgesetzt zu sein. Wie schrecklich hätte es für den stolzen König sein müssen, von seinen hasserfüllten Gegnern lächerlich gemacht zu werden! Angesichts dieser Situation stürzte sich Saul lieber in sein Schwert. Wohl noch schwieriger zu verstehen ist für uns eine andere Art von Ehrenselbstmord, das sogenannte Harakiri der japanischen Samurai.

Harakiri in Japan

Japan war als großer Inselstaat lange Zeit isoliert und hat eine ganz einzigartige Lebensweise entwickelt. Im Land entstand eine Schamkultur, welche zwar der Ehrenkultur verwandt, aber doch von ihr zu

---

68 Nachzulesen im 1. und 2. Samuelbuch in der Bibel.

unterscheiden ist. Als ich das Vorrecht hatte, eine Weile in Japan zu leben, staunte ich über die Ernsthaftigkeit, mit der in diesem Land Respekt gelebt wird. Die japanische Sprache enthält neben der allgemeinen auch noch eine Höflichkeits- und eine Bescheidenheitsform. Um zu wissen, welche Sprachebene benutzt werden soll, muss man nicht nur die soziale Stellung, sondern auch das Alter der angesprochenen Person beachten. Für ältere Studenten benutzt der Jüngere einen speziellen Höflichkeitstitel, wiederum einen anderen für Lehrer, Anwälte und Ärzte. Auch die Stellung innerhalb des Unternehmens wird mit drei verschiedenen Anhängseln an die Namen berücksichtigt.

Respekt wird in Japan auch durch Verbeugung angezeigt, wobei sich prinzipiell der Jüngere vor dem Älteren verbeugt und die Frau vor dem Mann. Außerdem kommt es dabei auf die berufliche Stellung an. Weiter zeigt der Gastgeber seine dienende Haltung durch die Beugung vor dem Gast, der Verkäufer vor dem Käufer und der Schuldner vor dem Gläubiger. Dabei müssen drei verschiedene Grade der Verbeugung beachtet werden: fünf, fünfzehn und dreißig Grad! Es gilt, immer die korrekte Verbeugungsart zu wählen, um sich nicht großer Peinlichkeiten auszusetzen!

Weiter gehört zu jener Kultur, dass man viele Gefühle nicht offen zeigen darf. Dies würde nämlich – gemäß dem landesüblichen Denken – die Mitmenschen in peinliche Situationen bringen. So wird zum Beispiel Schmerz bevorzugt durch ein Lächeln ausgedrückt, damit sich niemand zu Mitleid oder Hilfeleistung verpflichtet fühlen muss. Kritik und Widerspruch werden meist nur indirekt angezeigt.

Man kann sich vorstellen, dass eine derartige Kultur als sehr angenehm empfunden werden kann – andererseits aber auch wie ein Gang durchs Minenfeld, weil sie extrem viele Möglichkeiten bietet, Fehler zu machen. Wie soll man sich beispielsweise jemandem gegenüber verhalten, dessen Alter oder Beruf man nicht kennt? Wählt man eine zu wenig höfliche Sprachebene, so könnte er sich beleidigt fühlen. Spricht man hingegen sehr respektvoll und es stellt sich später heraus, dass dieser Respekt unpassend war, so hat man einen genauso großen Fehler begangen. Es könnte nämlich sein, dass der Gesprächspartner meint, man wolle sich über ihn lustig machen, weil er es in seinem Leben nicht weiter gebracht habe.

Hinzu kommt, dass eine solche Kultur Schande sehr tief greifend empfindet. Da man die ganze Zeit damit beschäftigt ist, den gebührenden Respekt auszudrücken, wiegt ein Fehler umso schwerer. Nur so ist es wohl zu verstehen, dass die Schande in der japanischen Kultur bis zum Selbstmord führen kann. „Japan versinkt im Selbstmord" formulierte einmal eine Zeitung etwas übertrieben. Tatsächlich ist die Selbstmordrate in Japan auffallend hoch[69] und dies hat sicher damit zu tun, dass der Freitod als Ausweg aus zu großer Schande kulturell als akzeptabler gilt als anderswo.

Im vorindustriellen Japan gehörten die Mitglieder des Kriegerstandes zu den angesehensten Gesellschaftsschichten. Diese Samurai mussten noch mehr als alle anderen auf ihre Ehre achten, ohne die sie gar nicht weiterleben konnten. Verloren sie ihr Gesicht, so blieb ihnen oft nur der Selbstmord übrig. Berühmt geworden ist jener einzigartige rituelle Selbstmord, Harakiri genannt, der etwa seit dem 12. Jahrtausend belegt ist und 1868 offiziell verboten wurde. Dabei schlitzte der Samurai vor Zeugen seinen eigenen Bauch auf, wonach ein Gehilfe ihn dann vollends tötete, um sein Leiden zu verkürzen.

Sati in Indien

Auch Indien kennt eine Art von Ehrenselbstmord, der noch heute vereinzelt praktiziert wird. Dort sind es Witwen, die sich auf dem Scheiterhaufen verbrennen lassen. Die Herkunft dieser „Sati" genannten

---

[69] Siehe dazu: http://www.welt.de/politik/ausland/article112888587/Japan-kaempft-gegen-seinen-selbstmoerderischen-Geist.html
und
http://www.welt.de/gesundheit/psychologie/article9460170/Selbstmord-und-Depression-kosten-Japan-Milliarden.html

Praxis liegt im Dunkeln. Es scheint, dass ursprünglich Witwen hoher Offiziere beim Tod des Ehemannes den Tod suchten, um nicht in die Hände des Feindes zu fallen. Doch mit der Zeit entwickelte sich die Sache zu einer Frage der Ehre. Lebte eine Frau nach dem Tod ihres Mannes weiter, als wäre nichts geschehen, wurde dies als Beweis dafür angesehen, dass sie ihrem Mann schon zu Lebzeiten eine schlechte Ehefrau gewesen sei. Sie galt daher im Urteil der Bevölkerung als ein bösartiger, verachtungswürdiger Mensch. Wenn eine Frau dagegen freiwillig auf den Scheiterhaufen stieg und sich mit dem Leichnam des Gatten verbrennen ließ, wurde dies als Liebesbeweis für ihren Mann verstanden. Sie wurde danach wie eine Heilige oder innerhalb der hinduistischen Religion sogar als Göttin verehrt. Vielfach wurden Frauen auch zu diesem Schritt gezwungen, aber ursprünglich war Sati als Opfertod und ehrenvoller Selbstmord gedacht.

Sowohl der Selbstmord des Samurai als auch Sati sind mit der jeweiligen Religion verknüpft. Die Ehre, die man den anderen Menschen schuldet, gilt nämlich als eine religiöse Pflicht. Der Selbstmord wird als Beweis der Selbstlosigkeit gesehen, wodurch man seine verlorene Ehre wiedererlangt. Mit dieser Heldentat können alle Zweifel an der eigenen Person für immer widerlegt werden.

Ehrenselbstmord im Islam

Der Islam dagegen verbietet Selbstmord, weil nur Gott den Zeitpunkt des Todes bestimmen darf. Gemäß offizieller Lehre hat der Mensch nicht das Recht, Gott hineinzufunken. Erstaunlicherweise hat sich jedoch die bekannteste Art von Ehrenselbstmord ausgerechnet im Islam entwickelt. Es handelt sich um die Selbstmordattentäter, die Bomben am Körper befestigen, sich mitten unter nichts ahnende „Feinde" mischen und sie mit sich in den Tod reißen.

Oberflächlich betrachtet könnte man meinen, dass derartige Suizide weniger mit der Ehre zu tun haben als mit effektiver Kampfführung. Man ist versucht, sie mit den japanischen Kamikazefliegern des

Zweiten Weltkrieges zu vergleichen, die sich selbst opferten, um dem Feind einen möglichst großen Schaden zuzufügen[70]. Aber wenn es nur darum ginge, könnte man auch eine ferngesteuerte Bombe zünden, ohne sie sich gleich selbst um den Leib zu binden.

Es geht also offenbar um mehr als nur um die Schädigung des Feindes. Tatsächlich sieht sich der Attentäter keineswegs als Selbstmörder. Als bekennender Muslim würde ihn seine Angst davor, in der Hölle zu landen, ganz gewiss von der Selbsttötung abhalten. Vielmehr sieht er seine Tat als das Selbstopfer, das er als tiefgläubiger Mensch für die Sache Allahs und sein Vaterland erbringt. Dies tut er im Bewusstsein, weltweite Aufmerksamkeit zu erregen. Ähnlich wie die indische Witwe beim Sati wird er dadurch zu einem Helden, der über sich hinausgewachsen ist. Während er vielleicht im Diesseits wenige Chancen auf eine erfolgreiche Zukunft hatte, gewinnt er nun einen Ehrenplatz im Paradies, den ihm niemand mehr streitig machen kann. Er freut sich darauf, als ehrwürdiger Märtyrer inmitten von zweiundsiebzig Jungfrauen sitzen zu dürfen, die ihn für alle Ewigkeit verehren und in jeder Hinsicht verwöhnen. Zudem hat er das Recht, vierzig seiner Verwandten mit ins Paradies zu nehmen. Deshalb achtet seine ganze Großfamilie sein Opfer als eine erlösende Heldentat.

Wie es bei Ehrenmorden typisch ist, hilft auch beim Selbstmordattentat nicht selten die Familie bei der Vorbereitung mit. Bei YouTube finden sich sogar Videos mit Müttern, die ihre Söhne ein letztes Mal umarmen, sie segnen und für den Ehrenselbstmord aussenden! Nach dem Attentat erhält ein großes Bild des Jünglings den Ehrenplatz in den Wohnzimmern der Hinterbliebenen. Voller Stolz erzählen seine Eltern, Onkel und Cousins von ihm. Für alle Ewigkeit werden sie ihn, der ihnen durch sein Opfer den Weg ins Paradies geöffnet hat, für seine Tat mit Ehre überschütten.

---

[70] Die Kamikazeflieger rasten mit kleinen Flugzeugen in die riesigen Kriegsschiffe der Amerikaner, um diese so zum Sinken zu bringen. Es war ein verzweifelter Versuch, durch Selbstmordangriffe das Kriegsglück noch einmal zu wenden und die drohende Niederlage der Japaner abzuwenden.

Würde der Attentäter nur einfach eine Granate in eine Ansammlung „ungläubiger" Menschen werfen, so wäre nichts Ehrenhaftes dabei. Zudem müsste er sich nachher einem schrecklichen Bild stellen: Männer, Frauen und Kinder mit blutigen Wunden und abgerissenen Körperteilen. Wäre das ehrenhaft – junge Menschen, die seinetwegen ein Leben lang verkrüppelt herumlaufen müssten? Der Attentäter würde vielleicht realisieren, dass er Personen umgebracht hat, die gar nicht zu den sogenannten Feinden gehören, nur weil sie sich zufällig zum Zeitpunkt der Explosion gerade dort befanden. Dies alles blendet der Selbstmordattentäter aus, indem er sich gleich mit in die Luft jagt. Ihn interessiert nichts außer der unsterblichen Ehre, die er für sich, die Seinen und sein Volk mit seiner Tat vermeintlich gewinnt. Die ganze Welt weiß nun, dass ein Volk, welches Ehrenmörder in seinen Reihen hat, nicht schwach ist.

12. Zusammenfassung und Folgerungen

Es scheint verblüffend, dass viele Menschen über diese schockierenden Zusammenhänge auch heute nicht Bescheid wissen. Man hört zwar im Laufe des Lebens hier und da einmal etwas über diesen oder jenen Vorfall. Doch dass es sich dabei um Verbrechen handelt, die sich unzählige Male wiederholen und ganze Völker in Atem halten, ahnen anscheinend nur wenige. Auch ist den meisten wohl nicht bewusst, dass die verschiedenen Arten von Morden alle eine gemeinsame Wurzel haben. Nur ein kleiner Teil davon wird offiziell als „Ehrenmord" erkannt.

Was den Ehrenmord von einer Beziehungstat unterscheidet

In unserer westlichen Kultur haben wir manchmal Mühe, einen Ehrenmord von einer „normalen" Beziehungstat zu unterscheiden, wenn beispielsweise ein Mann seine Partnerin oder Ex-Partnerin in einer Affekthandlung umbringt. Zwischen Ehrenmord und einer „normalen" Beziehungstat gibt es drei wesentliche Unterschiede:

1. *Keine Affekthandlung*

Im Gegensatz zu einer Eifersuchtstat ist der Ehrenmord keine Affekthandlung. Ehrenmorde werden in den meisten Fällen bis ins kleinste Detail im Voraus geplant. Es kommt immer wieder vor, dass ein Ehrenmord als Unfall oder als Selbstmord getarnt wird.

2. *Kein Unrechtsbewusstsein*

Der Täter ist sich bei einem Ehrenmord keines Unrechts bewusst. So stellt sich bei der Vergewaltigung einer Frau für den Ehrenmörder nicht die Frage, ob die Frau an der Vergewaltigung schuld ist oder nicht. Aus der Sicht der Ehrenkultur wurde durch die Vergewaltigung die Ehre der Familie verletzt und diese „Unehre" kann nur dadurch „beseitigt" werden, dass die Frau umgebracht wird. Gut möglich, dass auch der Vergewaltiger umgebracht wird. Oft geschieht dies auf eine Weise, mit der die Familie des Vergewaltigers in der Öffentlichkeit bloßgestellt wird. Wenn eine Familie entehrt wurde, dann muss die „Unehre" vergleichbar mit einem Krebsgeschwür aus der Familie „beseitigt werden". Dies gilt auch für eine Tochter, die die Familie eigentlich aus tiefstem Herzen liebt.

3. *Großfamilie als Täter*

Ein Ehrenmörder ist kein Einzeltäter. Unter Ausschluss des Opfers beschließt die Großfamilie, dass eine Ehrverletzung bzw. eine „Unehre" in der Familie vorliegt. Oft führt dann diejenige Person den Ehrenmord aus, bei der der Clan das Gefühl hat, dass sie vor Gericht die geringste Strafe befürchten muss. Auch wenn Gerichte Einzeltäter verurteilen, so steht meist ein männlicher Clan von Vätern, Onkeln, Brüdern und Cousins hinter einem Ehrenmord, der es als seine „heilige Pflicht" erachtet, die Familienehre wiederherzustellen. Doch auch Mütter oder Tanten können an der aktiven Vorbereitung beteiligt sein.

Der erste Schritt im Kampf gegen den Ehrenmord ist somit klar: Information und Aufklärung sind dringend nötig. Es muss bekannt gemacht werden, dass der sogenannte Ehrenmord – so schrecklich er an sich schon ist – nur die Spitze des Eisbergs ist. Jedermann sollte wissen, dass dieses Ehrenmordmonster viele hässliche Gesichter hat, die alle unvorstellbares Leiden verursachen. Es geht nicht nur um die Tausenden oder sogar einige Zehntausend Frauen, welche jedes Jahr ähnlich wie Swera sterben müssen. Die Palette der Opfer des übertriebenen Ehrendenkens reicht von denjenigen, welche sich selbst umbringen, um einer Zwangsheirat zu entgehen, bis zu den unbeteiligten Passanten, die bei Selbstmordattentaten umkommen.

Schon die oberste Schicht des Eisbergs ist weit umfangreicher als häufig angenommen. Wer ahnt schon, dass Millionen von Frauen und Mädchen lebenslang mit der ständigen Angst leben müssen, eine derartige Katastrophe könnte jeden Moment auch über sie hereinbrechen? Wer fühlt mit den Unzähligen, welche geschlagen, eingesperrt, mit dem Tod bedroht oder sogar gefoltert werden, weil man sie gefügig machen will? Wer ahnt, was für eine Tragödie sich vielleicht gerade im Nachbarhaus abspielt?

Doch auch wenn jemand dieses Problem realistisch erfasst, so kann er sich wohl kaum vorstellen, dass dies nur etwa zehn Prozent des gesamten durch die Ehrenkultur verursachten Leidens sind[71], wie wir noch sehen werden.

Eine zweite Schicht besteht aus dem Leiden der vielen jungen Inder, die es gewagt haben, über die Kastengrenze hinaus zu heiraten[72].

Wie wir bereits festgestellt haben, hinterlässt auch die Blutrache

---

[71] 90 % des Eisbergs liegen bekanntlich unter Wasser verborgen.

[72] http://www.nzz.ch/aktuell/international/reportagen-und-analysen/liebesheiraten-unerwuenscht-1.18211163

eine weitere permanente Blutspur. Wie eine Naturkatastrophe kann diese zwanghaft über ganze Sippen hereinbrechen. Dabei sind auch hier die Morde nur der auffälligere Teil der Katastrophe. Den anderen Teil durchleidet eine noch weitaus größere Zahl von Männern samt ihren Familien, die zwar noch leben, sich aber dauernd in Lebensgefahr befinden. Sie müssen sich mitunter über viele Jahre verstecken und führen ein kümmerliches Leben. Ihre besten Jahre, ihr Geld, ihre Lebensträume ... alles geht dahin.

Ähnlich zahlreich sind auch die Leiden, die durch Ehrenmorde an Ex-Muslimen verursacht werden. Nicht nur Abgefallene, sondern auch Nichtkonforme, insbesondere „verwestlichte" Muslime gehören zu den Opfern. Wer sich nicht an die Norm hält oder sogar dem Islam absagt, muss sein Leben lang damit rechnen, urplötzlich aufgespürt und gewaltsam bestraft zu werden. Dabei kann die Gefahr von Mitgliedern der eigenen Familie, von der islamischen Gesellschaft oder je nach Land sogar vom Staat bzw. der Polizei drohen. Dem betroffenen Menschen kann jegliche Existenzgrundlage entzogen werden, bis er „bereut" und „umkehrt". Aber auch wenn er das tut, bleibt er meist ein Gezeichneter.

Wie wir bereits gesehen haben, kann schon allein die Äußerung von Zweifeln am Islam, am Koran oder am Propheten zu Gewaltreaktionen führen, weil sie als Beleidigungen aufgefasst werden. Die Gefahr gilt sowohl für Muslime als auch Nichtmuslime. Verschiedene religiöse Minderheiten in der islamischen Welt sind zum Teil bereits ausgerottet worden oder sind von Genozid bedroht[73]. Da jedes andersartige Glaubensbekenntnis letztlich als mehr oder weniger gotteslästerlich gilt, sind die betreffenden Minderheiten im islamischen Staat nur geduldet. Im Notfall finden sie den so oft versprochenen Schutz häufig nicht. Auch wenn Juden, Christen und Sabäer

---

[73] Opfer sind nicht nur Kopten, Assyrer, Aramäer und Armenier, sondern auch Sabäer, Bahai, Drusen, Jesiden, Angehörige der Ahmediyya-Gemeinschaft, Aleviten und Schiiten verschiedener Prägung sowie Juden.

gemäß dem Koran im islamischen Staat theoretisch eine Daseinsberechtigung haben – solange sie sich unterwerfen –, so gibt es doch in der Praxis wenig Garantie, dass die Regierungen sie vor denjenigen schützen, die ihre Gegenwart als Schandfleck empfinden und sie verfolgen. Diese Minderheiten sind immer in Gefahr, da ihre Existenz als Andersgläubige jederzeit als Beleidigung aufgefasst werden kann.

Der erwähnte Eisberg kühlt die natürlichen Empfindungen des menschlichen Herzens in vieler Hinsicht ab, auch in Bezug auf das, was als wahr empfunden wird. Die Angst, Schande über die eigenen Eltern, die eigene Religion oder sein Volk zu bringen, führt innerhalb der Ehrenkultur zu einer allgemein akzeptierten Lügenkultur. Die Folge davon ist, dass mit gutem Gewissen Falschinformationen in die Welt gesetzt werden, die auf die Dauer zu völlig falschen Weltbildern, sinnlosem Hass und unlösbaren Konflikten führen. Diese Lügengebilde sind sehr schwer durchschaubar und werden von Generation zu Generation weitergegeben.

Als letzte Schicht des Eisberges erscheint der Ehrenselbstmord. Wie wir gesehen haben, findet auch dieser im Normalfall nicht freiwillig statt, sondern auf Druck der Ehrenvorstellungen, welche die Gesellschaft diktiert. Während Witwenverbrennungen ziemlich selten geworden sind und auch das Zeitalter der Samurai-Selbstmorde zum Ende gekommen ist, befinden wir uns dagegen bezüglich der Selbstmordattentate in der islamischen Welt sogar in einer Blütezeit. Ganze Völker sind gezwungen, mit der unangenehmen Realität zu leben, dass sich jederzeit und überall ein Attentäter einschleichen und eine Menschenschar in die Luft sprengen könnte. Dabei ergeht es denjenigen, die dabei sterben, vielleicht noch besser als denen, die dann ihr Leben lang verkrüppelt weiterleben müssen.

Neben dem, was man allgemein als Ehrenmord bezeichnet, gibt es also noch eine ganze Serie von anderen ebenso tragischen wie verbreiteten Mordarten zur Ehrenrettung, die alle bis heute praktiziert werden. Es hilft nicht, vor diesen Problemen die Augen zu verschließen. Die Fakten aufzuzeigen und zu verbreiten, ist zweifellos der erste Schritt im Kampf gegen den Ehrenmord. Dabei geht es um einen schrecklichen, inoffiziellen Krieg, der keinen Anfang und kein Ende hat und in dem es auch keine Gewinner, sondern nur Verlierer gibt.

Jedem aufmerksamen Beobachter wird auffallen, dass es bestimmte Regionen auf dieser Welt gibt, in denen Kriege immer wieder von Neuem aufflammen und kein Ende finden. Bemerkenswerterweise sind es Konflikte, die vom Ehrendenken wieder und wieder neu entfacht werden. Wer dem arabischen Spruch glaubt, dass die Ehre das Wichtigste im Leben sei[74], der kann die Schande eines verlorenen Krieges nicht auf sich sitzen lassen. So betrachtet müssten auch die Opfer dieser Kriege bei den Ehrenmorden dazugezählt werden.

Die folgende Tabelle gibt eine Übersicht über die verschiedenen Arten von Ehrenmorden.

Ehrenmordtabelle

Art des Mordes	Die Opfer	Anschuldigung	Ziel des Mordes
Klassischer Ehrenmord	Verdächtige Frauen, nicht konforme Liebespaare inkl. Homosexuelle	Verrat der Familie	Wiederherstellung der Familienehre
Von der Familie befohlener Selbstmord	Frauen, die ihre Ehre verloren haben	Verrat der Familie	Wiederherstellung der Familienehre ohne Gefängnisstrafe für Täter
Kastenmord	Kastenüberschreitende indische Ehen	Verrat an der Kaste	Reinerhaltung der Kaste

---

[74] „Karamti fauq kulla shei'."

Art des Mordes	Die Opfer	Anschuldigung	Ziel des Mordes
Mord an Abtrünnigen	Ex-Muslime oder Abgefallene anderer vorherrschender Religionen	Verrat an der vorherrschenden Religion	Respekt vor der Religion wiederherstellen
Beleidigungsmord	Nichtmuslime, insbesondere Kritiker, Politiker, Journalisten, Schriftsteller	Beleidigung Allahs, seines Propheten oder des Korans	Ehrenrettung Allahs und des Propheten
Blutrache auf Familienebene	Männer zweier Familien	Diebstahl der Familienehre	Wiederherstellung der Familienehre
Blutrache auf Volksebene	Angehörige gegnerischer Völker, wehrlose religiöse Minderheiten. Gefahr von Genozid	Geheimes Bündnis mit mächtigen Feinden	Demütigung eines übermächtigen Gegners
Selbstmordattentäter	Nichtmuslime und deren Verbündete	Verrat an der muslimischen Sache	Unsterblicher Ruhm und Platz im Paradies
Kriegstote in Endloskonflikten	Angehörige zweier Völker	Gegner werden als ehrlos dargestellt	Wiederherstellung der Volksehre

Wie diese Zusammenstellung zeigt, gibt es ganz unterschiedliche Arten von Ehrenmord. Dabei betone ich noch einmal, dass bei jeder Art neben den Ermordeten auch noch viele andere Opfer und Schäden dazukommen. Noch gar nicht erwähnt haben wir etwa bisher, dass in manchen Ehrenkulturen auch Menschen mit einer Behinderung und psychisch Kranke miserabel behandelt oder einfach versteckt werden, weil sie als Familienschande gelten.

Exkurs: Mädchenbeschneidung

Kein Mord, aber doch lebensgefährlich ist die Beschneidung der weiblichen Genitalien. Was mag der Grund dafür sein, dass eine derart barbarische und unsinnige Praxis trotz aller Anstrengungen der Regierungen, sie zu beenden, bis heute überlebt hat? Ayaan Hirsi Ali beschreibt in ihrer schon erwähnten Autobiografie, wie sie in der Schule als „Kinterleey" beschimpft wurde. Dies bedeutet eine „Unbeschnittene" oder „die mit der Klitoris". „In Somalia wie in vielen Ländern Afrikas und des Nahen Ostens werden kleine Mädchen ‚rein‘, indem man ihnen Teile der Genitalien wegschneidet."[75] „Weine nicht", soll die Großmutter bei der Prozedur gesagt haben, „beflecke nicht das Ansehen deiner Mutter." Kann man die herzlose Diktatur des Ehrengötzen noch drastischer aufzeigen? Wegen nichts anderem als der sogenannten Familienehre werden einem Mädchen unsinnigerweise Teile des Körpers weggeschnitten. Und dabei wird ihm – wiederum um der Familienehre willen – nicht einmal gestattet, unter großen Schmerzen zu weinen!

Ayaan beschreibt, wie ihre Schwester von der Beschneidung einen lebenslangen seelischen Schaden davontrug. „Sie war danach nie mehr dieselbe … Viele Mädchen sterben nach der Beschneidung an Infektionen." Geschehen nicht auch diese Todesfälle um der Ehre willen?

Auch wenn diese Beschneidungen meist von älteren Frauen durchgeführt werden, so gehören sie doch zu männerdominierten Ehrenkulturen. Denn dahinter steht die Logik: Frauen dürfen bei der Sexualität keine Lust empfinden, damit sie nicht fremdgehen und die Familienehre verletzen oder im vorehelichen Alter intime Beziehungen eingehen, wonach sie dann öffentlich als „Hure" beschimpft würden. Im Namen der Familienehre wird der Frau das Recht auf sexuelle Lust nicht nur abgesprochen, sondern mit einer brutalen

---

[75] Ayaan Hirsi Ali, „Mein Leben, meine Freiheit", Seite 52.

Operation weggeschnitten. Geht es in der Beziehung zwischen Mann und Frau um die Familienehre? Beruht eine lebenslange Beziehung, wo beide Partner einander treu sind, nicht vielmehr auf gegenseitiger Liebe, Achtung und Respekt?

Ehrenmord schlimmer als Krieg

Ich bin überzeugt, dass der Ehrenmord mehr Opfer gefordert hat als jeder Krieg. Denn er schlägt seit vielen Jahrhunderten zu, wo es ihm gerade gefällt, und verbreitet oft über Generationen hinweg Angst und Schrecken. Es handelt sich um den schlimmsten aller Götzen und den erbarmungslosesten Diktator, den die Welt je gesehen hat. Wenige wagen es, ihm zu widersprechen. Er ist auch der schlimmste aller Lügner und ist so stark, dass er sogar manche Mütter manipuliert, eigene Kinder zu töten.

Wäre dieser Tyrann ein Mensch oder eine Regierung, so würde sich Widerstand in der Welt formieren und seinen Sturz herbeiführen. Doch die Herausforderung, die hier vorliegt, ist viel größer. Dieser Menschenfeind weiß sich zu verstecken. Geheimnisvoll und unsichtbar prägt er die Gedankenwelt von Millionen Menschen. Unmerklich wird er bereits mit der Muttermilch aufgesogen und von Generation zu Generation weitergegeben. Man weiß nie, wann, wie und wo er zuschlagen wird.

Und dies geschah nicht nur vor Hunderten von Jahren. Heute, im 21. Jahrhundert, erlebt er ein Comeback und erobert Gebiete, die vorher frei von der Ehrenmordkultur waren (zum Beispiel in Europa). Ihn zu bekämpfen ist eine der größten Herausforderungen, vor der die Menschheit heute steht.

Teil 2

Auf der Suche nach positiven Lösungsansätzen

Im ersten Teil haben wir die verschiedenen Arten von Ehrenmord in ihrer Unterschiedlichkeit erläutert und deren fatale Folgen für die Betroffenen geschildert. In diesem Abschnitt des Buches geht es nun darum, uns drei mit dem Thema verknüpfte Fragen noch etwas genauer anzuschauen:

– Hat die Ehrenkultur auch positive Seiten?
– Lässt sich der Islam für den Kampf gegen Ehrenkultur gewinnen?
– Wurde auch Europa früher von einer Ehrenkultur beherrscht?

1. Positive Seiten der Ehrenkultur

Nach all dem, was wir bisher gesehen haben, erscheint es unwahrscheinlich, dass die Ehrenkultur auch positive Aspekte haben kann. Aber eine Kultur, die nur Negatives enthält, könnte gar nicht Jahrhunderte überleben. Es ist mir wichtig, dass im Zusammenhang mit dem Thema Ehrenmord kein falsches Feindbild geschaffen wird. Wenn die Ehrenkultur ganz ausgelöscht würde, ginge damit auch viel Positives verloren und die Gefahr, in ein gefährliches Gegenteil mit ungeahnten Folgen zu fallen, sollte nicht unterschätzt werden.

Im Grunde ist es doch so, dass jeder Mensch, egal zu welcher Kultur er gehört, zutiefst im Herzen danach hungert, geehrt und respektiert zu werden. Genau bei diesem Bedürfnis knüpft die Ehrenkultur an. Ehr- und Schamgefühle sind niemandem unbekannt. Beobachten wir doch beispielsweise einmal ein Kind, dessen Eltern es unbedacht vor Besuchern bloßstellen. Auch wenn das Kind nicht versteht, was passiert, und seine Gefühle nicht in Worten ausdrücken könnte, verspürt es intuitiv einen tiefen inneren Schmerz.

Nicht nur Kinder, auch Erwachsene können völlig aus der Bahn geworfen werden, wenn plötzlich Dinge öffentlich bekannt werden, die ihre Privatsphäre betreffen. Ehr- und Schamgefühle sind niemandem unbekannt. Kränkungen können unter Umständen lebenslange Komplexe nach sich ziehen. Es sind derartige Erlebnisse, die zu Stolz und Hass, Neid und Minderwertigkeitsgefühlen führen. Um der Ehre willen ziehen Soldaten in den Krieg, und ihretwegen trainieren Sportler hart über viele Jahre, um Medaillen zu gewinnen.

Das Streben nach Ehre liegt in der Natur des Menschen, und zwar keineswegs nur innerhalb der sogenannten Ehrenkulturen. Wem wird es nicht warm ums Herz, wenn er gelobt wird? Und manch einer ist nur deswegen innerlich ausgebrannt, weil niemand seine Arbeit gewürdigt hat. Materiell gesehen macht es zwar vielleicht keinen Unterschied. Aber seelisch benötigt der Mensch dieses Lob genauso dringend wie den finanziellen Lohn. Die Menschheit ist sozusagen süchtig nach Lob und Ehre.

Schon viele Ehen sind gescheitert, weil der gegenseitige Respekt fehlte. Freundschaften zerbrachen, weil sich der eine über den anderen lustig machte. Warum sind wir eigentlich so hochempfindlich? Wieso empfinden wir dieses Gefühl, gering geachtet oder übergangen worden zu sein, als unerträgliche Demütigung? Was auch immer der Grund dafür sein mag – es ist eine natürliche Reaktion der menschlichen Seele. Jeder erlebt unzählige Male derartige Empfindungen. Und genau darauf baut die Ehrenkultur auf.

Einfühlsame Menschen empfinden es als besonders peinlich, wenn eine ältere Person bloßgestellt wird. In der Ehrenkultur wird darauf ganz speziell geachtet. Es beginnt damit, dass man ältere Menschen nie mit dem Vornamen anspricht, sondern immer „Onkel" oder „Tante" davorsetzt, auch wenn man gar nicht mit ihnen verwandt ist. „Wer einen Tag älter ist, hat ein Jahr mehr Lebenserfahrung", sagt ein arabisches Sprichwort. Entsprechend muss diese Person mehr respektiert werden.

Dieser Respekt drückt sich auf Schritt und Tritt in unzähligen kleinen Begebenheiten aus. So ist es der Jüngere, der dem Älteren die Tür öffnet und ihn zuerst eintreten lässt. Weil er jünger ist, schweigt er im Gespräch und lässt den Älteren für ihn sprechen. Derartige Verhaltensregeln werden von klein auf detailliert eingeübt. Weil sie zumindest teilweise einem allgemeinen Gefühl der betroffenen Menschen entsprechen, hat sich diese Kultur bis in die heutige Zeit halten können.

Einen älteren Mann nicht zu ehren, wäre eine Schande. Das gilt ganz besonders für die eigenen Eltern, für den Ehemann, den Gast, für Wohltäter, höhergestellte Persönlichkeiten und häufig auch für ältere Frauen. Viele Details könnte man jetzt aufzählen, denn der Einfluss des Ehrendenkens zeigt sich in praktisch jeder Lebenssituation. So gilt es mancherorts als eine Schande, jemanden vor der Tür stehen zu lassen, ohne ihm nicht mindestens eine Tasse Tee anzubieten. Es mag sein, dass jedem, der vorübergeht, eine Einladung zugerufen wird, er möge doch eintreten. Je nach Situation kann es als eine Beleidigung aufgefasst werden, wenn man nicht eintritt, ohne einen triftigen Grund zu haben.

Beleidigt könnten auch diejenigen sein, die anderen beim Essen zuschauen müssen, ohne dass ihnen wenigstens ein wenig davon angeboten wird. So kann man etwa erleben, dass manche Leute wirklich bereit sind, ohne zu zögern ihren letzten Bissen wegzugeben, um unerwartete Gäste bewirten zu können. Durch ein derartiges Verhalten entsteht in der Ehrenkultur eine Wärme der Beziehungen, sodass man im Gegensatz dazu andere Kulturen als kalt und unangenehm empfindet.

Die Pflicht zu gegenseitiger Ehrerbietung kann allerdings auch zu komplizierten Situationen führen. Dabei wird jedoch glücklicherweise nicht jedes Wort auf die Goldwaage gelegt. Es ist wie ein Spiel, an dem man sich freut und das sogar mit Gelächter enden kann. Daneben gibt es auch ernsthaftere Höflichkeitsregeln. So gebietet zum Beispiel der gegenseitige Respekt nicht nur Gastfreundschaft, sondern auch, dass die Frauen des Hauses sich vor männlichen Gästen verbergen, insbesondere wenn sie noch nicht verheiratet sind. Mancherorts gilt als Regel, dass eine Frau im Beisein von Männern ihre Beine nicht verschränken darf und sie diese stets schön geschlossen halten muss. Auch soll eine Frau nie in die Augen eines Mannes schauen.

Unzählige derartige Regeln müssen eingehalten werden, wenn man seinen guten Ruf nicht verlieren will. In nicht wenigen Ländern wird es etwa als schrecklich empfunden, wenn eine Familie ihre jüngere Tochter vor deren älterer Schwester verheiratet und damit deren Gefühle verletzt. Ich weiß von Frauen, die deswegen schließlich gar nicht heiraten konnten. Sie konnten kein Heiratsangebot annehmen, weil sie ihre älteren Schwestern damit unendlich beschämt hätten. Wie hätten sie es auch übers Herz bringen sollen, diese ihr Leben lang alleine zu lassen? Es wäre für sie undenkbar gewesen, sich mit ihrem Bräutigam zu vergnügen, während sie doch gewusst hätten, dass ihre Schwestern weinten und niemand hatten, der sie tröstete. Aus dieser Sicht wäre eine Heirat dermaßen egoistisch gewesen, dass sie den Nachbarn nie wieder unter die Augen hätten treten können.

Weiter kann es auch als Schande angesehen werden, wenn jemand alleine in seiner Wohnung oder eine ältere Person gar im Seniorenheim gelassen wird. Hat sie denn niemand, der oder die sich um sie kümmert? Ist sie den eigenen Kindern denn gar nichts wert? Es gilt bereits als ein Fehler, jemanden alleine im Zimmer sitzen zu lassen, ohne dass man sich um ihn kümmert. Daher ist es eine automatische Folge dieser kulturellen Vorgaben, dass Familien meistens möglichst nahe bei ihren Verwandten wohnen. Während Europäer mit Vorliebe Einfamilienhäuser kaufen, bewohnen Angehörige arabischer und anderer von der Ehrenkultur geprägten Völker lieber mit Freunden und Verwandten ganze Häuserblöcke. Sie nehmen nicht nur Anteil aneinander, sondern beziehen ihre ganze Identität daraus, dass sie Teil dieser Verwandtschaft sind.

Auch wenn Ehrenkulturen kompliziert sein können, so ist ihre große Stärke die mitmenschliche Wärme, die dadurch entsteht, dass man auf die feinen Gefühlsempfindungen der anderen achtet, zumindest derjenigen, die als respektabel gelten. Indem sie den einzelnen Menschen in die Großfamilie und diese wiederum in die Gesellschaft einordnen, geben Ehrenkulturen jedem ihrer Mitglieder seinen bestimmten Platz. Nicht nur die Rollen der Eltern und Großeltern sind klar festgelegt, sondern auch diejenigen der Onkel und Tanten. Dabei ist ein Onkel väterlicherseits wichtiger als einer mütterlicherseits und der älteste Onkel hat mehr Einfluss als ein jüngerer. Alles hat seine Logik, auch wenn man manchmal stundenlang diskutieren muss, um die richtige Lösung zu finden.

Dies gilt natürlich auch für die Bestimmungen über erlaubte und nicht erlaubte Kleidung und die Rolle der Geschlechter. Über Details kann man verhandeln, nicht aber über grundlegende Prinzipien. Deshalb ist es kein Wunder, dass manche sich in den festgelegten Normen der Ehrenkultur sehr eingeengt vorkommen. Manch einer wirft etwa einen neidischen Blick auf den freien Westen. Dieser löst aber mit seiner grenzenlosen Schamlosigkeit – wie der westliche Lebensstil häufig empfunden wird – auch Angst und Abscheu aus.

Extreme Höflichkeit, äußersten Respekt und absolute Hochachtung voreinander lernt man nirgends so sehr wie in der Ehrenkultur. Ich bin oft als Gast derart verwöhnt worden, dass ich fast Schuldgefühle bekam. In anderen Situationen staunte ich über den augenblicklichen Gehorsam, welcher Vätern von ihren Söhnen erwiesen wurde, und dies sogar dann, wenn es Väter mit großen Schwächen waren. Von europäischen Teenagern wären solche Väter wohl ganz anders behandelt worden.

Ich kann gut verstehen, dass Menschen, die in dieser Kultur aufgewachsen sind und nichts anderes kennen, dieses Denken als das einzig Richtige empfinden. Und dies umso mehr, als – wie gesagt – die Gebote der Ehrenkultur letztlich einem menschlichen Grundempfinden entsprechen, das jeder verstehen kann. Auch als europäischer

Gast, der selbstverständlich hoch geehrt wird, kann man sich in dieser Kultur äußerst wohlfühlen.

Als Außenstehenden fällt es Europäern allerdings leichter, auch die Schwachpunkte dieser Kultur zu erkennen. Der auffälligste ist sicher, dass die übertriebene Hochachtung vor denjenigen, die als respektabel gelten, auf Kosten der anderen geht, deren Bedürfnisse völlig vergessen bleiben. Es ist eine Kultur der Extreme und sie erscheint dem neutralen Beobachter bald einmal als ungerecht: eine Kultur, die den Großen und Erfolgreichen immer noch höher hinaufhebt, die Kleinen und Schwachen dagegen hinunterdrückt. Denken wir nur einmal, was es für eine Person mit einer Behinderung bedeuten muss, unter lauter Menschen zu leben, die seine Benachteiligung als eine Schmach sehen, für welche sich sogar seine eigene Familie immer wieder von Neuem schämt. Oder fühlen wir mit einem kinderlosen Ehepaar mit, das zusätzlich zu seiner Enttäuschung auch noch Hohn und Spott ertragen muss.

Ein auffälliges Problem ist auch, dass Jungen von klein auf prinzipiell bevorzugt werden, während man Mädchen allzu leicht als die Schwachstellen der Familie sieht. Sie werden zwar behütet, aber nicht um ihretwillen, sondern um der Familienehre willen. Allzu oft werden sie Opfer verbalen, psychischen und sogar sexuellen Missbrauchs innerhalb der Familien, was nicht unbedingt als Problem gilt, solange das nicht an die Öffentlichkeit dringt. Die Verletzung muss dann von den Betroffenen einfach geschluckt werden.

Die Herrschaft der Älteren über die Jüngeren verspricht Geborgenheit, kann aber auch zur Hölle werden. So oder so gilt sie als selbstverständlich, und zwar oft sogar dann, wenn Unrecht geschieht, welches dann einfach übersehen wird.

Die Schwachen müssen immer und immer wieder ihre Plätze räumen, den Ehrbaren dienen und mit täglichen Demütigungen leben. Niemand fragt nach ihren Empfindungen. Extreme Rücksichtnahme auf die kleinsten Gefühlsregungen der einen bedingt Gefühlskälte gegenüber denjenigen, welche diesen Respekt erbringen müssen. Auf ihnen wird einfach herumgetrampelt, ohne dass es überhaupt jemand bemerkt.

Unzählige werden in dieser Kultur als minderwertig behandelt und können nur sehnsüchtig darauf hoffen, dass sie altershalber oder aus anderen Gründen auf der Respektleiter aufsteigen. Und weil sie ja so viele Jahre leiden mussten, ist das Risiko groß, dass sie dann die ihnen Untergeordneten auch wieder hochmütig behandeln.

Menschen aus Ehrenkulturen sind mitunter sehr empfindlich. Sie wägen alles, was andere tun, sofort in Bezug auf die Ehrenfrage ab. Je mehr jemand gewöhnt ist, geehrt zu werden, desto weniger akzeptiert er einen unteren Platz. Anstatt sich zu freuen über das, was die anderen für ihn tun, empfindet er, dass er mehr verdient hätte. So entstehen viele unnötige Missverständnisse, Zweifel und Risse in den Beziehungen.

Man neigt auch zu Übertreibungen, sei es nun in der Ehrung oder auch Verachtung anderer Menschen. Eine neutrale Sichtweise fällt schwer. Andere Völker, andere Religionen, andere Weltanschauungen werden verherrlicht oder verteufelt. Es ist noch schwieriger als anderswo, objektive Diskussionen zu führen, weil die Tendenz besteht, dass alles gleich anhand der Ehren-Schande-Skala eingestuft und eine andere Meinung viel zu schnell als persönliche Beleidigung aufgefasst wird. Die Menschen treffen praktisch alle ihre Lebensentscheidungen ganz automatisch nur aufgrund des einen Kriteriums: Gut ist, was als ehrenhaft erscheint. Dieses Denken nimmt einen derart beherrschenden Platz ein, dass man unter Umständen dafür sogar bereit ist zu töten, wie wir bereits zur Genüge gesehen haben.

Ein weiterer schwacher Punkt der Ehrenkultur ist die Tendenz zu richtendem Denken. Von klein auf wird das Verurteilen anderer trainiert. Jeder, der von der Norm abweicht, gilt als schandhaft. Man lernt nicht, zuerst hinzuhören und Verständnis aufzubringen. Entwicklungen neuer Denkweisen werden meist fast automatisch abgewürgt. Die Ehrenkultur ist zutiefst konservativ. Fortschritte sind praktisch unmöglich.

Und trotzdem können wir nicht verleugnen, dass es in der Ehrenkultur auch viel Schönes zu entdecken gibt. Dies ist deshalb wichtig,
weil ein falsches Feindbild niemandem nützt. Wer helfen will, muss
begreifen können, weswegen viele Menschen trotz allem Negativen,
das sie erleben, an dieser Kultur hängen. Die große Frage ist also, ob
es gelingt, die zwei Seiten der Ehrenkultur voneinander zu trennen
und die negative zu bekämpfen, ohne die positive zu zerstören. Das
wird nicht einfach sein. Dazu wäre ein gutes Vorbild nützlich. Zum
Glück gibt es das auch, wie wir noch sehen werden.

2. Lässt sich der Islam für den Kampf gegen Ehrenmord gewinnen?

Islamische Weltanschauung und Ehrenkultur

Der größte Teil der Ehrenmordgeschichten, die ich in diesem Buch
aufgeschrieben habe, hat mit Muslimen zu tun. Die Geschichten von
Swera über Sabatina James aus pakistanischem Hintergrund, von
Nagib Machfus über Carmen Bin Ladin bis zur unglücklichen Bilquis
aus Afghanistan sind alle muslimisch geprägt. Zwar kommen Ehrenmorde in verschiedenen patriarchalischen Gesellschaften vor, so etwa
auch in Indien, auf Sizilien oder in Brasilien. Auch kurdische Jesiden
und andere religiöse Minderheiten in der arabischen Welt praktizie-
ren ihn. Mehr als irgendwo auf der Welt geschehen Ehrenmorde aber
innerhalb der islamischen Kultur[76] und vielfach an andersgläubigen
Minderheiten in muslimischen Ländern. Eine wissenschaftliche Studie kommt zum Schluss, dass 91 % der Ehrenmorde von Muslimen

---

[76] Aus einer Studie von Myria Böhmecke, Referentin von „Terre des Femmes":
„Zu den Ländern, in denen Frauen besonders gefährdet sind, gehören z.B.
Pakistan, Jordanien, Afghanistan, Irak, Libanon, Israel/Palästina und die
Türkei." Siehe: http://www.humanrights.ch/upload/pdf/070416_TDF_Studie_
Ehrenmord.pdf

begangen werden[77]. Vielleicht wurde bei dieser Zählung Indien übergangen, wo doch auch eine Tendenz zu gewissen Arten des Ehrenmordes besteht. Ob die Zahlen jener Studie stimmen oder nicht, soll hier nicht untersucht werden. Eines aber ist klar geworden: Wenn man den Ehrenmord bekämpfen will, kommt man nicht darum herum, genauer zu überlegen, wieso er in fast allen seinen Ausprägungen ausgerechnet in islamischen Ländern besonders verbreitet ist.

Besteht ein Zusammenhang zwischen dem Islam und Ehrenmorden oder ist es nur die nahöstliche Kultur, die für alle diese Todesfälle verantwortlich ist, ohne Bezug zur Religion? Falls die Schuld bei der Kultur liegt, wieso hat der Islam, der doch alle Lebensbereiche beherrscht, es in 1400 Jahren nicht geschafft, diese Kultur zu verändern? Hat der Gründer des Islam eigentlich gegen die schlechten Elemente der Ehrenkultur gekämpft oder hat er sie toleriert und womöglich sogar unterstützt? Lässt sich der Islam vielleicht wie einst das Christentum im Mittelalter reformieren? Dürfen wir in Zukunft auf die Unterstützung eines reformierten Islam hoffen? Und welche islamischen Lehren könnte dieser erneuerte Islam dann betonen, um die Ehrenmorde zu unterbinden?

Das sind wichtige Fragen. Es geht darum, die wahren Gründe für den Ehrenmord zu erkennen und Verbündete im Kampf gegen ihn zu finden. Es gibt durchaus wohlmeinende Muslime, die sich gegen Ehrenmorde wenden. Doch sie haben es nicht leicht. Als Allererstes zitieren sie meist die Verse, die von Vergebung sprechen, und verbinden sie mit Sure 17, Vers 33 (oder einem der Parallelverse in 6:151 und 5:32). Dort verbietet der Koran das Töten generell und erklärt, Allah habe das Leben unverletzlich gemacht. Dies wäre tatsächlich ein sehr hilfreicher Vers, wenn er nicht noch einen Zusatz enthalten würde: „Es sei denn mit Berechtigung." Der Vers und seine Parallelverse lehren also einerseits, dass das Töten generell verboten sei, dass es aber trotzdem in gewissen Fällen erlaubt sein solle. Das verkompliziert die Sache.

---

[77] Siehe dazu: www.meforum.org/2646/worldwide-trends-in-honor-killings

Was ist damit gemeint? Die erste Ausnahme finden wir in Sure 2:178: „O ihr, die ihr glaubt! Euch ist die Wiedervergeltung für die Getöteten vorgeschrieben. Der Freie für den Freien, der Unfreie für den Unfreien und die Frau für die Frau!"[78]

Obwohl der Koran anderswo auch von Vergebung für gewisse Fehler spricht, lehren die erwähnten Verse klar und deutlich das Gegenteil, nämlich die Vergeltung. Nicht die Vergebung wird hier befohlen, auch nicht die Bestrafung des Mörders, sondern die Rache an einem anderen Mitglied seiner Sippe. Wenn beispielsweise ein freier Angehöriger eines bestimmten Stammes ermordet wurde, so soll von der schuldigen Sippe ebenfalls ein Freier (das heißt nicht etwa ein Sklave) getötet werden. Dies ist aber nichts anderes als ein Aufruf zur Blutrache. Und diese ist, wie wir bereits früher festgestellt haben, eine Art von Ehrenmord[79].

Grundloses Töten wird zwar im Koran verboten. Doch jeder Ehrenmörder ist überzeugt, einen guten Grund zum Töten zu haben. Und Blutrache gilt gemäß dem Koran als solch ein Grund.

Nicht im Koran, aber in den Hadithen gibt es noch ein anderes Tötungsverbot. Demzufolge darf kein Muslim einen anderen Muslim töten:

„Der Gesandte Allahs (Friede sei mit ihm) sagte: Das Blut eines muslimischen Mannes, der bezeugt, dass es nur einen Gott gibt und Mohammed sein Prophet ist, soll nie vergossen werden, außer aus diesen drei Gründen: ein Mann, der nach seiner Hochzeit Ehebruch begeht, wofür er gesteinigt werden soll; ein Mann, der gegen Allah und seinen Apostel kämpft, wofür er getötet oder gekreuzigt oder des Landes

---

[78] Zwar wird danach noch abschwächend erklärt, es sei auch möglich, eine angemessene Entschädigung zu bezahlen. Aber vorgeschrieben wird den Muslimen leider nicht dieser Teil des Satzes, sondern der erste Teil.

[79] Auch die sogenannte Sira, die Biografie Mohammeds, erwähnt Blutrache. So lesen wir, dass nach der Eroberung von Khaibar der Jude Kinana auf Mohammeds persönliche Anweisung gefoltert und in die Hände von Mohamed ibn Maslama übergeben wurde, der ihn „für seinen Bruder Mahmud" tötete (Ibn Hischam, Band 2, Die Bestrafung Kinanas).

verwiesen werden soll; oder ein Mann, der einen Mord begeht, wofür er selbst getötet werden soll.“[80] Leider werden also auch in diesem Vers Ausnahmen des Tötungsverbotes genannt. Sogar wenn es sich um Muslime handelt, gibt es drei erlaubte Tötungsgründe, wobei zwei davon Ehrenmordvarianten sind (nur der Letztgenannte ist keiner). Zudem ist die schaurige Aufforderung, Feinde zu kreuzigen, enthalten.[81] Mit einer solchen öffentlichen Zurschaustellung der Bestrafung und der Schande der Feinde ist ebenfalls ein Ehrendenken verbunden. Dieser Vers ist also weit davon entfernt, Ehrenmorde zu verbieten. Er befiehlt sie im Gegenteil sogar. Wenn man schon mit Männern so verfahren soll, dann ist es kein Wunder, dass Frauen noch viel schlimmer unter Druck geraten.

Und wie ist es dann erst, wenn die Schuldigen nicht Muslime sind? Oder wenn es sich um Ex-Muslime handelt? Es darf nicht vergessen werden, dass unter Muslimen sowieso die Tendenz besteht, jemanden, der in Schande gefallen ist, als vom Islam abgefallen zu betrachten. Für solche gilt nicht einmal mehr der minimale Schutz des Gebotes, dass Muslime nicht getötet werden sollen. Bereits Uthman bin Affan, der dritte Kalif und Herrscher über alle Muslime, wurde in einer Revolte von Glaubensbrüdern umgebracht. Auch Ali, der vierte Kalif und Schwiegersohn Mohammeds, wurde von seinen eigenen Leuten getötet, welche ihm vorwarfen, den islamischen Glauben verraten zu haben. Elf der zwölf Imame, welche für die Mehrheit der Schiiten wichtig sind, sind gemäß ihren Berichten von Sunniten ermordet worden. In Anbetracht all der islamischen Bürgerkriege, von denen die Historiker berichten, muss man feststellen, dass das Verbot, Muslime zu töten, keinen verlässlichen Schutz bietet.

Immerhin beginnt fast jede Sure des Korans mit den versöhnlichen Worten: „Im Namen Allahs, des Barmherzigen, des Erbarmers“. Können diese und andere versöhnliche Verse das Töten vielleicht ein-

---

80 Hadith aus Sunan, Abu-Dawud, Buch 38, Nr. 4339, überliefert von Aischa.
81 Man beachte, dass sich diese Aufforderung auch im Koran befindet, in Sure 5:33.

schränken? Das ist die große Frage, die unter Fachleuten diskutiert wird. Diese Spannung zwischen Gewalt- und Friedensversen ist der Grund für die unterschiedlichen Positionen, welche Muslime einnehmen. Es gibt manche, welche Gewalt ablehnen. Sie versuchen sogar, eine Verurteilung der Gewalt aus dem Koran herzuleiten. Denn nichts weniger als eine klare, eindeutige Ablehnung der Ehrenmorde wird für den Kampf gegen die Gewalt dringend benötigt.

Ein Freund erklärte mir, dass der muslimische Prophet selbst den Ehrenmord abgeschafft habe, und zwar damals, als einst Aischa, seine Lieblingsfrau, des Ehebruchs mit einem gewissen Safwan angeklagt wurde, mit dem sie alleine durch die Wüste geritten war. In der Folge habe Mohammed sie nicht umgebracht, ja, nicht einmal bestraft. Könnte diese Geschichte als Argument gegen den Ehrenmord benutzt werden?

Als ich mich näher damit befasste, stellte ich fest: Unter der Lupe betrachtet sagte diese Geschichte dann doch etwas anderes aus, als mein Freund behauptet hatte. Zum einen ließ nämlich der islamische Prophet Aischa einen ganzen Monat lang in Ungewissheit unter der Anklage leiden. Während dieser Zeit wusste sie nicht, ob sie ausgepeitscht, gesteinigt oder freigesprochen würde. Mohammed sprach sich hier keineswegs prinzipiell gegen den Ehrenmord aus, sondern wäre offenbar durchaus bereit gewesen, Aischa zu töten, falls sie schuldig gewesen wäre. Sie wurde gerettet, weil Mohammed schließlich von ihrer Unschuld überzeugt wurde, und nicht, weil er Ehrenmorde prinzipiell abschaffte. Statt ihres Lebens soll er dann in einer Rede in der Moschee das Leben des Hauptanklägers Abdullah ibn Ubaij ibn Sallul gefordert haben, weil dieser mit seinen Verdächtigungen nicht nur die Ehre seiner Frau, sondern der ganzen Prophetenfamilie angegriffen habe. Somit ist es schwierig, den Gründer des Islam als Gegner der Ehrenmorde zu bezeichnen[82].

---

[82] Details zu dieser Geschichte finden sich in verschiedenen Stellen der Hadithen. Eine ausführliche Erzählung bei der Auslegung von Ibn Kathier zu Sure 24.

Nicht nur im Koran und in den Hadithen, sondern auch im Leben Mohammeds gibt es leider deutliche Hinweise darauf, dass er Ehrenmorde befürwortete. So ließ er ein Paar, welches beim Ehebruch ertappt wurde, vor seiner eigenen Moschee steinigen[83]. Im klassischen Schariagesetz wird denn auch genau diese Strafe befohlen.

Die eigenen Kleinkinder etwa aus Angst vor Verarmung zu töten, wird im Koran immer wieder vehement verboten. Das hat aber nichts mit Ehrenmorden zu tun. Ein ebenso klares Verbot von Ehrenmorden fehlt leider.

Die Lebensgeschichte Mohammeds macht es Muslimen auch sehr schwer, gegen Kinder- und Zwangsehen aufzutreten, soll doch Mohammed selbst im Alter von zweiundfünfzig Jahren die neunjährige Aischa geheiratet haben, wie mehrere Hadithe erzählen. Sicherlich war es nicht die Entscheidung des neunjährigen Mädchens, dass sie diese Ehe eingehen wollte. Es war ihr von den Eltern so bestimmt worden.[84]

Auch wenn es unter Mohammeds Ehefrauen solche gab, die ihn aus freiem Willen heirateten, so ist dies doch offensichtlich nicht bei allen der Fall[85].

Eine verbreitete Art von Ehrenmord ist das Töten von Ex-Muslimen. Was sagt der Koran dazu? In Sure 4, Vers 89 steht: „Und wenn sie den Rücken drehen, ergreift und tötet sie, wo immer ihr sie findet." Manche Muslime sehen in diesem Vers bloß eine Anweisung für das Verfolgen des Feindes im Krieg. Andere aber glauben, dass es sich um einen Befehl handle, Ex-Muslime zu töten. Diese Auslegung erhält Unterstützung durch Verse aus den Hadithen: „Wer seine Religion ändert, den tötet."[86] Oder etwas ausführlicher an einer ande-

---

[83] Siehe Ibn Hischam, „Das Leben Mohammeds", Kapitel *Mohammed und die Strafe bei Ehebruch*.

[84] Dies zeigt auch ihre eigene Erzählung der Ereignisse gemäß den Hadithen. Als man sie für den Propheten bereit machte, spielte sie mit ihren Puppen und wusste gar nichts von diesem Plan.

[85] So etwa auch Safiya, welche eine jüdische Kriegsgefangene war.

[86] Sahih Al Bukhari, Hadith Nr. 6922.

ren Stelle: „Ich hörte, wie der Prophet sagte: ‚In den letzten Tagen der Welt werden junge Menschen erscheinen, die dumme Ideen und Gedanken haben. Sie werden gut sprechen, aber sie werden den Islam verlassen, wie ein Pfeil, der sein Ziel verpasst. Ihr Glaube wird nicht über den Hals hinausgehen. Also töte sie, wo auch immer du sie finden wirst. Diejenigen, die solche Menschen getötet haben, werden am Tag des Jüngsten Gerichts eine Belohnung erhalten.'"[87]

Es wird auch überliefert, dass Mohammed selbst Abgefallene hingerichtet hat[88]. Deshalb sind sich alle vier sunnitischen Rechtsschulen in dieser Sache einig. Sie alle lehren die Ermordung der Ex-Muslime und unterscheiden sich nur darin, wie viele Chancen zur Umkehr sie erhalten sollen. Die Tötung von Ex-Muslimen, die leider weltweit praktiziert wird, ist also nicht nur eine Fehlinterpretation einiger Extremisten, sondern stützt sich auf die im Islam als heilig erachteten Bücher. Diese Art von Ehrenmord wird dort befohlen. Realistischerweise kann auch in diesem Bereich keine Änderung erwartet werden, solange man an diesen Büchern festhält.

Wie steht es nun mit der rätselhaften Bewegung der Selbstmordattentäter? Wieso glauben nicht wenig Muslime, dass diese Art von Kriegsführung vom Propheten befohlen worden sei, obwohl davon gar nichts im Koran steht? Im Gegenteil, wie wir gesehen haben, erklärt dieser sogar, dass Selbstmörder in die Hölle kommen. Trotzdem ist diese Bewegung ausgerechnet im sunnitischen Islam entstanden und wird ausschließlich von praktizierenden Muslimen getragen. Wie oben schon erwähnt, verstehen sich die Täter nicht als Selbstmörder, sondern als ehrenhafte Dschihadkämpfer. Sie glauben, durch ihr Selbstopfer unsterbliche Ehre im Paradies zu gewinnen. Typisch für sie sind ihre Aufrufe zum „Heiligen Krieg", welche sie aus den grundlegen-

---

[87] Sahih Bukhari, Band 4, Buch 63, Nr. 260.

[88] Eine kurze, aber gut fundierte Darstellung dieses Themas findet sich bei Christine Schirrmacher, „Der Islam", SCM Hänssler Verlag, Holzgerlingen 2003, Band 1, Seite 252 ff.

den Büchern des Islam zitieren. Im Koran, in den Hadithen und im Lebenslauf Mohammeds gibt es leider eine ganze Menge von aufrüttelnden Versen, die genutzt werden, um junge Menschen für den Krieg zu motivieren[89]. Der Koran selbst erklärt deutlich, dass diejenigen, die im Krieg für Allah ums Leben kommen, direkt ins Paradies eintreten[90]. Zudem gibt es in Sure 9 (Die Buße) eine lange Reihe von Aussagen, in denen mit großer Eindringlichkeit zur Pflicht aufgerufen wird, im Heiligen Krieg sein „Gut und Blut" zu opfern.

Bei den Selbstmordattentätern spielen auch die Beschreibungen des Paradieses in den Suren des Korans eine wichtige Rolle. Diese malen den Lesern nicht etwa Bilder von anbetenden Gläubigen vor dem Thron Gottes vor Augen. Stattdessen liest man, dass die Muslime dort auf grünen Sofas liegen und sich mit großzügigen, ewigen Jungfrauen vergnügen, während sie von Jünglingen bedient werden. Welcher junge Mann wünschte sich nicht einen derartigen Ehrenplatz?

Andererseits können Muslime, die eines natürlichen Todes sterben, niemals ihres Heils sicher sein. Klar ist nur, dass jeder zuerst einmal im Zwischengericht durch die furchtbaren „Grabesqualen" muss, deren Beschreibungen in den Hadithen den Lesern alle Haare zu Berge stehen lassen[91]. Es sind die durch derartige Lehren erzeugten Ängste, welche junge Menschen dazu bringen, ihr Leben im Kampf gegen „die Feinde Gottes" wegzuwerfen. Ehemalige Dschihadkämpfer haben mir das selbst bestätigt.

Tragisch ist ebenfalls, dass Mohammed gemäß den Berichten der Hadithen sogar Morde wegen Beleidigung gebilligt hat. Dort wird berichtet, dass ein blinder Mann seine schwangere Sklavin mit einer Schaufel derart zu Tode gedrückt hat, dass das blutüberströmte Kind

---

[89] Man bedenke, was schon alleine die Aussage aus Sure 2:190: „Verführung ist schlimmer als Töten", in einem Menschen auslöst, der dies wirklich glaubt.

[90] Sure 47:3-5.

[91] Die Lehre der Grabesqualen basiert auf Sure 19:71.

zwischen ihren Beinen erschien. Ihr Fehler war, schlecht über Mohammed geredet und ihn verachtet zu haben. „Daraufhin sagte der Gesandte [Mohammed]: ‚Oh sei mein Zeuge. Für ihr Blut ist keine Vergeltung zu bezahlen.‘"[92]

Ein anderer Hadith von Sunan Abu-Dawud erzählt eine ähnliche Begebenheit: „Eine Jüdin sprach schlecht über den Propheten (Friede sei mit ihm) und verhöhnte ihn. Ein Mann strangulierte sie, bis sie starb. Der Apostel Allahs (Friede sei mit ihm) sagte: Für ihren Tod ist kein Blutgeld zu bezahlen."[93]

Der Ehrenmord ist also nicht zufällig in islamischen Ländern extrem häufig. In den Grundlagen des Islam sind buchstäblich alle Arten von Ehrenmord verankert, größtenteils sogar im Leben und in den Worten des Gründers selbst. Das ist fatal, denn er gilt als absolutes Vorbild für gläubige Muslime. Wie wichtig sein Beispiel genommen wird, zeigt sich auch daran, dass sich fast 90 Prozent der Muslime „Sunnis" nennen, weil sie sich damit der „Sunna" des Propheten verpflichten. Mit dem Wort „Sunna" ist nichts anderes als das Vorbild Mohammeds, insbesondere seine Gewohnheiten, gemeint. Nur deshalb wurden jene dicken Hadith-Bücher mit Tausenden und Abertausenden von Details aus seinem Leben aufgeschrieben, weil jeder echte Muslim diese aufs Genaueste nachahmen soll. Wie hat sich der Prophet gekleidet? Wie trug er seinen Bart? Was und wie aß er? Wie hat er geheiratet? Wie ist er mit seinen Frauen umgegangen? Wie mit Christen? Wie mit Juden? Wie mit Gefangenen? Wie verhielt er sich in dieser und jener Situation? Alles an ihm gilt als vorbildlich. Es ist nicht denkbar, etwas davon zu kritisieren. Denn Mohammed gilt als derartige Respektsperson, dass jede Hinterfragung seines Verhaltens als schlimme Sünde angesehen wird.

Deshalb werden Menschen, die etwas an Mohammed kritisieren, häufig als „Kafir", das heißt „Gotteslästerer" oder „Ketzer", be-

---

[92] Sunan Abu-Dawud, Buch 38, Nr. 4348.
[93] Sunan Abu-Dawud, Buch 38, Nr. 4349.

zeichnet. Und dies kann zu den Gewalttaten führen, die gegen Ex-Muslime vorgesehen sind.

Doch wie kann man jemand, der Mohammed kritisiert, als Gotteslästerer bezeichnen? Er hat ja nicht Gott, sondern einen Menschen hinterfragt. Leider bemerken nicht alle Muslime diesen Unterschied. Dies bedeutet, dass der islamische Prophet tatsächlich von vielen wie Gott verehrt wird, ohne dass sie selbst dies zugeben oder überhaupt merken[94].

Ist es möglich, das Rad der Zeit wieder zurückzudrehen? Das würde viel kosten. Es würde bedeuten, die Hadithen zu entmachten und eine ganz neue Interpretation des Islam und des Korans hervorzubringen. Dazu müsste die indirekte Vergötterung Mohammeds beendet werden. Es müssten auch seine Fehler zugegeben und die Schriften vieler hoch angesehener islamischer Theologen hinterfragt werden.[95] Allerdings könnten solche Neuerungen nur durchgesetzt werden, wenn die Muslime, die sich dafür einsetzen, auch bereit wären, dafür Kopf und Kragen zu riskieren. Wünschenswert wäre es auf jeden Fall!

Gerne möchte ich das Dilemma des modernen Muslims noch an einem praktischen Beispiel aufzeigen. Dies findet sich im interessanten Buch von Nahed Selim mit dem originellen Titel „Nehmt den Männern den Koran!"[96]. Die gebildete Muslimin Nahed Selim setzt sich ganz offen mit der Tatsache der mangelnden Frauenrechte im Islam auseinander. Sie hat den Mut, die frühen islamischen Theologen anzuklagen und ihnen die Schuld an der frauenfeindlichen Auslegung der heiligen Bücher zu geben. Den Koran selbst oder Mohammed zu hinterfragen, erlaubt ihr der Respekt allerdings nicht. Sie kämpft je-

---

[94] Zu diesem Phänomen der unbewussten Vergötterung Mohammeds siehe Yasar Nuri Öztürk, „Der verfälschte Islam", Grupello Verlag, Düsseldorf 2007, Seite 19 ff und 157 ff.

[95] Mehr Details dazu finden sich in meinem Buch: „Warum gewisse Dinge schieflaufen", Verlag Urs-Heinz Nägeli, Schiers/Schweiz 2009.

[96] Piper Verlag, München/Zürich 2007.

doch auf vielen Seiten ihres Buches mit gewissen Koranversen. So ist ihr etwa der Vers, der die Frauen als „Saatfelder" bezeichnet, ein Dorn im Auge[97], ebenso Sure 3:14, welcher die Frau als Verlockung anstatt als Mensch bezeichnet, oder jener Satz aus der vierten Sure, welche die Frau zu einem „halben Menschen" abstempelt.

Wie Nahed Selim die Sache auch dreht und wendet, sie findet keine Lösung für gewisse heikle Koranverse. Die logische Schlussfolgerung wäre eigentlich zuzugeben, dass gewisse Koranverse ganz einfach frauenfeindlich sind. Aber etwas derart Unerhörtes zu sagen, erlaubt der Autorin ihre Ehrenkultur nicht. Eher, als Mohammed zu hinterfragen, kämpft sie mit der Frage, wie Gott derartige Verse in sein Buch schreiben konnte. Man beachte hier, dass sie eher noch Gott als Mohammed hinterfragt! Als sie dann merkt, dass sie Gott angeklagt hat, bittet sie ihn am Ende ihres Buches um Vergebung. Eine Lösung hat sie aber damit nicht gefunden.

Obwohl einer modernen Muslimin wie Nahed Selim die Tatsache Mühe bereitet, dass der islamische Prophet zahlreiche Frauen heiratete, wagt sie es nicht, ihn zu kritisieren. Als ob sie seine Anwältin wäre, sucht sie Rechtfertigungen dafür. Sie versucht zu erklären, wieso zu Mohammeds Ehefrauen die minderjährige Aischa, die Kriegsbeute Safiya und Zainab gehörten, die kurz zuvor noch die Ehefrau seines Adoptivsohnes war.

Auch wenn die Neigung zur Gewalt tatsächlich aus der Zeit *vor* dem Islam stammt, so hat dieser sie doch bestätigt und universalisiert[98]. Wäre sie nur ein kulturelles Problem, so könnte sie in der heutigen modernen Welt leicht überwunden werden. Aber weil das

---

[97] Sure 2:223.

[98] Als Beispiel für eine alternative Beurteilung sei hier hingewiesen auf Senan El-yafi-Schulz, „Das Phänomen des Ehrenmordes. Eine rechtliche Untersuchung unter Berücksichtigung der Täter- und Opferperspektive", Tectum Verlag, Marburg 2012. Sie glaubt, dass der Islam nirgends einen Ehrenmord befehle. Trotzdem sei er „mitschuldig", weil er durch seine prinzipielle Bejahung der Gewalt und die Benachteiligung des weiblichen Geschlechts den Eindruck erwecke, Ehrenmorde zu billigen, und für diesen förderliche Voraussetzungen schaffe.

Problem der Ehrenmorde auf einer starken Verbindung von Kultur und Religion beruht, ist es so schwierig zu überwinden[99].

Während der Westen die Gleichwertigkeit aller Menschen feststellt, geht das islamische Denken von der Unterschiedlichkeit verschiedener Arten von Menschen aus. In diesem Denksystem gilt die Frau zwangsläufig als ihrem Mann unterstellt. Es ist ebenfalls undenkbar, dass beispielsweise ein Heide über einen Muslim herrscht. Innerhalb des islamischen Staates hat dies rechtliche Auswirkungen. So darf beispielsweise kein „Ungläubiger" eine muslimische Frau heiraten. Dies gälte als Schande, weil ja diese Muslimin dann ihrem andersgläubigen Ehemann unterstellt wäre. Im umgekehrten Fall dagegen, wenn der Mann Muslim ist und die Frau nicht, steht der Ehe nichts im Wege, weil in diesem Fall der islamische Teil die Herrschaft behält. Auf der nächsten Stufe, gleich unter Muslimen, stehen Christen und Juden. Sie haben gemäß der Scharia einen Platz im islamischen Staat, solange sie sich unterwerfen[100], nicht aber Heiden oder Ex-Muslime. Allerdings sind die Privilegien der Christen und Juden an die Bedingung geknüpft, dass sie in ihrem Glauben ernsthaft sind.[101]

Ein weiteres Beispiel von rechtlichen Auswirkungen der Ungleichheit verschiedener Arten von Menschen: Ein Mann darf mehrere Frauen heiraten, eine Frau aber nur einen Mann. Sie wird auf die schlimmste Art bestraft, falls sie ihrem Mann nicht treu ist usw. Hinter all diesen Geboten steckt letztlich das Ehrendenken, das zwischen mehr oder weniger ehrbaren Persönlichkeiten unterscheidet.

Die islamische Weltanschauung ist ganz und gar von der Katego-

---

[99] Die Mitschuld des Islam betont auch Necla Kelek, eine bekannte Menschenrechtlerin und Sozialwissenschaftlerin, welche die ganze Problematik am eigenen Leib erfahren hat. Siehe eine mutige Stellungnahme unter: http://www.welt.de/debatte/kommentare/article13748921/Wenn-Forscher-die-fatale-Rolle-des-Islam-leugnen.html und ihr Buch „Die fremde Braut. Ein Bericht aus dem Inneren des türkischen Lebens in Deutschland", Goldmann Verlag, München 2006.

[100] Siehe dazu Sure 9:30.

[101] Vergleiche dazu Sure 3:113 und 29:46.

risierung der Menschen in verschiedene Arten dominiert. Und diese geschieht automatisch anhand einer Art Ehrenskala, welche in den Köpfen der Menschen verankert ist.

Aufgrund eben dieser Ehrenskala wird auch der Westen eingestuft. Nicht nur die Politik, sondern auch die orientalischen Medien lassen häufig eine sehr einseitige Sichtweise erkennen. Einerseits spürt man deutlich die Scham, die bei der Tatsache empfunden wird, dass der Westen wirtschaftlich so viel erfolgreicher und besser organisiert ist als die islamische Welt. Andererseits kommt auch der Stolz der islamischen Kultur zum Vorschein, die sich moralisch haushoch überlegen fühlt. Dabei konzentriert man sich immer wieder darauf, den Westen als schändlich und verdorben darzustellen. Darum können die Araber den Westen selten so sehen, wie er wirklich ist. Sie sehen ihn fast automatisch durch die Brille der Ehrenkultur und damit aus einer feindlichen Grundhaltung heraus. Sie halten förmlich nach Fehlern Ausschau und finden selbstverständlich immer mehr davon. Wenn man über Jahre hin so denkt, wird man natürlich zunehmend mit Abscheu erfüllt.[102]

Genau diesem Abscheu begegnen wir in noch verstärkter Form bei den Extremisten. Es ist also die islamische Ehrenkultur, welche den Radikalismus hervorbringt. Diese Hardliner sehen im Westen nur lauter Böses und haben kein anderes Verlangen, als diese in ihren Augen schändliche Kultur auszulöschen und durch dem vermeintlich viel ehrenhafteren Islam zu ersetzen. Bei diesem Angriff handelt es sich um eine weitere Form des Ehrenmordes und es gibt keinen Grund anzunehmen, dass diese Menschen ihre Meinung ändern werden. So wie eine islamische Familie gemeinsam den Ehrenmord an ihrer Tochter plant, wird heute in der arabischen Welt der Ehrenmord an uns geplant, um endlich diesen Schandfleck des modernen Westens aus der Welt zu schaffen. Terrororganisationen sprechen offen davon,

---

[102] Dies darf uns allerdings nicht darüber hinwegtäuschen, dass auch in einigen Bereichen der westlichen Gesellschaft ein Reformbedarf besteht.

anderswo ist der Wunsch, den Westen der Scharia zu unterwerfen, mehr zwischen den Zeilen zu lesen.

Weit entfernt davon, als Verbündeter im Kampf gegen Ehrenmorde zu helfen, erlebt der sunnitische Islam heute eine Radikalisierung. Nie gab es so viele fanatische und gewaltbereite Muslime wie heute. Das ist ein Phänomen, über das die Welt staunt. Uns verblüfft der Hass gegen den Westen, der damit verbunden ist, vielleicht noch mehr, als er uns erschreckt. Warum regen sich die Muslime derart über uns auf, was haben wir Böses getan, das sie so mit Verbitterung erfüllen könnte? Wieso wollen sie uns umbringen? Es sind genau die Fragen, die sich auch manche islamischen Frauen stellen, die von ihren eigenen Familien verfolgt werden.

Man kann dieses Phänomen nur als den Zorn einer Ehrenkultur über eine Kultur verstehen, die sie als unsittlich empfindet. Mit der gleichen Überzeugung, die jedem Ehrenmörder eigen ist, werden auch wir Nichtmuslime verurteilt, als ob wir eine unsittliche islamische Frau wären. Alle Botschaften, welche radikale Muslime in die Welt hinaussenden, haben mit dem Ehrendenken zu tun. Ihr Kampf ist in erster Linie *gegen* etwas, nämlich gegen das, was sie als Schamlosenkultur einstufen. Und was sie motiviert, ist das Gefühl, dass die wirtschaftliche und militärische Überlegenheit des Westens Allah und seinen Propheten demütige. Die islamische Erweckung, die seit einiger Zeit die Welt beschäftigt, wird von den Muslimen selbst in erster Linie als eine Gegenreaktion zur zunehmenden Liberalisierung gesehen, die bei uns geschieht. Die islamische Ehrenkultur arbeitet dabei Hand in Hand mit der Religion. Sie sind untrennbar miteinander verwoben.

Doch der Westen ist wie gelähmt. Während Terroristen in verschiedenen islamischen Ländern christliche Minderheiten und Befürworter der westlichen Kultur regelrecht abschlachten, reiben wir uns die Augen. Wir träumen von der Reformation des Islam, die alle Probleme auf wundersame Weise lösen soll. Doch wir sollten uns vielmehr der Tatsache stellen, dass die Rückkehr des Islam zu seinen Wurzeln bereits geschehen ist. Ausgerechnet diese islamische Reformation ist es, welche den Radikalismus hervorgebracht hat[103].

Doch wie konnte es so weit kommen? Ist der heutige Hass gegen den Westen wirklich eine um tausend Jahre verspätete Rache für die Kreuzzüge oder das Echo auf die Kolonisation, wie immer wieder behauptet wird? Tatsächlich trifft dies nur zu einem kleinen Teil zu. Zwar gehört es zur Ehrenkultur, dass man eine Niederlage nicht akzeptieren kann, sondern als Schmach abspeichert und diesen Schmerz von Generation zu Generation weitergibt, bis sich irgendwann einmal die Gelegenheit zur Rache bietet. Doch die gegenwärtige Erbitterung der Muslime hat hauptsächlich aktuelle Gründe. Dass ausgerechnet jetzt eine extremistische Erweckung im Islam stattfindet, ist kein Zufall. Gemäß den eigenen Aussagen der Islamisten ist ihre Bewegung großenteils eine Antwort auf Entwicklungen, die im Westen stattfinden. Die Abscheu, mit der sie unsere Kultur betrachten, lässt es ihnen als Pflicht erscheinen, uns zu zerstören.

Es ist kurzsichtig, das Problem nur bei den „Radikalen" oder „Islamisten" zu sehen, welche in ihrer Begeisterung für die Ehre des Islam alle Menschenrechte verachten. Im Gegensatz zu ihnen haben die offiziellen islamischen Staaten zwar die UNO-Menschenrechtskonventionen unterschrieben. Aber sie haben von Anfang an eine Bedingung eingebaut. Sie wollen diese Rechte nur insofern einhalten, als sie nicht dem Islam widersprechen. Damit ist eigentlich überdeutlich gesagt, dass das Problem in erster Linie ein Religiöses ist. Es mag ja

---

[103] Als Wurzel des Islam gilt heute weltweit das Vorbild Mohammeds. Dass es auch anders sein könnte, habe ich in meinem Buch „Zwischen Bomben und Paradies", Urs-Heinz Nägeli Verlag, Schiers/Schweiz 2006 aufgezeigt. Islam bedeutet „Unterwerfung unter Gott". Dabei stellt sich aber die Frage, nach welchem Vorbild sich der Unterwerfende ausrichtet. Im Koran selbst finden sich Belege dafür, dass es den Islam schon vor Mohammed gab, mit ganz anderen Vorbildern (vgl. auch „Deutsche Wirtschaftsnachrichten" vom 6. September 2015: „Koran könnte schon vor Mohammed geschrieben worden sein", http://deutsche-wirtschafts-nachrichten.de/2015/09/06/britische-forscher-koran-koennte-schon-vor-mohammed-geschrieben-worden-sein/).

sein, dass der ursprüngliche Islam am Ehrenmorddenken unschuldig war[104], aber seit 1400 Jahren ist das Wort „Muslim" fast ausschließlich mit dem Vorbild Mohammeds verknüpft und dieses ist eindeutig mit dem Ehrenmorddenken verbunden. Wer das leugnet, begeht keine gute Tat, sondern deckt Verbrechen und macht sich mitschuldig an zukünftigen Morden.

Was „Allah ist größer" bedeutet

Wieso aber hat das todbringende Ehrenmorddenken einen besonders leichten Zugang zu den Herzen unserer muslimischen Mitmenschen, die doch bekennen, nur an einen – und zwar einen guten – Gott zu glauben? Wieso sind viele von ihnen wie mit Blindheit geschlagen und können nicht erkennen, dass sie mit derartigen Hinrichtungen grausames Unrecht begehen? Tatsächlich hat es einen tieferen Grund, als wohl die meisten ahnen.

Diese erste Ahnung in dieser Richtung begann mir zu dämmern, als ich mir eines Tages ein Dokumentarvideo über Terroristen anschaute. Ich wunderte mich darüber, dass die Männer, als sie sich in den Tod stürzten, nicht riefen: „Gott ist Einer", wie man es eigentlich von einem Muslim erwarten würde. Sie riefen auch nicht: „Gott ist Liebe" – wie man es erwarten würde, wenn der Islam denn wirklich eine Religion der Liebe wäre – oder: „Gott ist heilig", wie das Judentum betont. Nein, sie riefen: „Gott ist größer"[105]. Das ist eigentlich ein Vergleich. Größer als was? Größer als der Feind, größer als die Götzen, größer als das eigene Leben, das man gerade hingibt? Dieser Satz beinhaltet den Kern des islamischen Denkens.[106]

---

[104] Siehe meine Nachforschungen zu diesem Thema in: „Zwischen Bomben und Paradies", wo ich darlege, dass es einen Islam vor Mohammed gibt.

[105] „Allahu akbar."

[106] Damit schließe ich mich der Sicht des berühmten islamischen Theologen Al-Ghazzali an.

Gemäß Sure 37:159 ist Gott sogar größer als alles, was menschliche Worte ausdrücken können. Dieser Vers erklärt: „Preis sei Allah (Er ist hocherhoben) über alles, was sie (über ihn) aussagen!" Er ist größer als jeder Versuch, ihn zu beschreiben. Deshalb kann auch die berühmte Liste der göttlichen Namen nur 99 Benennungen Allahs enthalten. Der 100. Name, der ihn vielleicht beschreiben könnte, muss fehlen.

Dieses Verständnis von Gott führt zu massiven Missverständnissen oder gar zu Konflikten mit der christlichen Kultur: Christen bezeichnen Gott als „Vater"[107] und Jesus ist am Kreuz für das Versagen der Menschen gestorben[108]. Der islamische Gott dagegen ist zu groß, als dass man „Vater" zu ihm sagen könnte, er ist zu groß, um seine Ehre mit einem andern Gott zu teilen. Er ist hoch erhaben darüber, einen Sohn zu haben, und er könnte es auch nicht zulassen, dass sein Prophet an einem Kreuz stirbt. Dies wäre eine Niederlage, eine zu große Schande. Niemals könnte der islamische Gott Mensch werden. Nicht weil es im technischen Sinn undenkbar wäre, sondern weil es schändlich für ihn wäre, sich so weit herabzulassen. Dies erklärt, warum der christliche Glaube von strengen Muslimen als Provokation empfunden wird.

Was hat ein Gott, der größer ist, mit der Ehrenkultur zu tun? Nichts weniger, als dass Allah selbst eine Quelle der Ehrenkultur ist. Das Wichtigste in der Beziehung zu ihm ist nicht, ihn zu lieben oder zu verstehen. Was er in erster Linie verlangt, ist Ehre und Respekt. Das vorrangige Ziel der 99 Namen ist auch nicht, ihn zu beschreiben, sondern seine Größe zu betonen. Niemand kann ihn verstehen noch seine Gedanken nachvollziehen. Das Einzige, was wirklich gefordert wird, ist, dass man sich ihm ehrfurchtsvoll unterwirft. Wer zu viel fragt, hat ihn bereits verunehrt. Wer ihn gar hinterfragt, hat ihn beleidigt.

---

[107] Vgl. Markusevangelium 14,36; Römerbrief 8,15 oder Galaterbrief 4,6.
[108] Alle vier Evangelien erzählen die Geschichte vom Kreuzestod von Jesus.

Und gerade das ist ja die Bedeutung des Wortes „Islam": „Unterwerfung". Wie also könnte sich eine Religion, welche „Unterwerfung" heißt, jemals von der Respektkultur trennen?

Der jüdische Gott begnügt sich damit, ein kleines Volk zu haben. Allah aber will, dass alle Menschen sich ihm unterwerfen, sei es freiwillig oder mit Gewalt. Jeder, der etwas gegen seinen Willen tut, verunehrt ihn. Deshalb müssen die „Feinde Allahs" überwunden werden, nicht nur weil sie ein Problem sind, sondern in erster Linie, weil ihre Existenz eine Schande für Gott ist. Deshalb müssen nicht nur die Heiden besiegt, sondern auch Juden und Christen unterjocht werden[109], sodass sie dann gedemütigt die Steuer der Besiegten bezahlen. Deshalb darf kein Andersgläubiger je über einen Muslim herrschen oder eine islamische Frau heiraten. Der Islam und die Muslime müssen immer oben sein, weil es dabei um die Ehre ihres Gottes geht.

Der islamische Gebetszyklus besteht nicht nur aus unterwerfenden Worten, sondern auch körperlichen Bewegungen. Muslime werfen sich auf den Boden. Damit geben sie Allah Ehre.

Aus Gründen der Ehre ist der Islam eine Gesetzesreligion: Der große Gott sagt dem untergebenen Menschen, was er zu tun hat. Jede Widerrede, jede Diskussion, jeder Zweifel wäre eine Verunehrung Allahs. Es gibt nur die Entscheidung zwischen Unterwerfung und Ungehorsam.

Um der Ehre Allahs willen müssen Namensmuslime zur Erfüllung ihrer religiösen Pflichten gezwungen, in Schande Gefallene, wenn nötig, sogar getötet werden. So wird die Ehre Allahs gewahrt.

Das Wichtigste im Islam ist weder das Gebet noch die Pilgerreise noch das Fasten. Nein, es ist die Ehre Allahs, um derentwillen man alle anderen Dinge tut. Hier liegt die tiefste Motivation für die Ermordung der sogenannten Gotteslästerer und Ex-Muslime.

Das Ehrendenken ist auch der Grund für die verachtende Haltung der Araber allen anderssprachigen Völkern gegenüber. Arabisch gilt

---

[109] Sure 9:5 und 9:30.

ihnen als die ehrbarste Sprache, um des heiligen Korans willen. Sogar Muslime gelten als zweitrangig, wenn sie nicht Arabisch sprechen. Es ehrt nämlich Allah nicht, wenn der Koran auf Türkisch oder Kurdisch rezitiert wird.

Kein Muslim kann je wissen, ob er ins Paradies kommt oder nicht, denn es ehrt Allah, ihm diese Entscheidung zu überlassen. Es ehrt ihn auch, dass jemand an den Koran glaubt, sogar wenn der Betreffende diesen nicht versteht. Den Koran schön zu singen, ehrt Gott mehr, als ihn nur zu lesen.

Hier ist der Schlüssel, um all die vielfältigen Phänomene des Islam zu verstehen. Natürlich gehört die Verehrung der Gottheit zu jeder Religion, aber es gibt wohl keinen anderen derart ausgeprägten Ehrengott wie den islamischen. Daher können die vielfältigen Arten von Ehrenmord in einer von dieser Religion dominierten Kultur ungehindert florieren, ohne dass jemand einen Widerspruch erkennt.

Wenn wir die Konflikte zwischen der jüdisch-christlichen und der islamischen Kultur verstehen wollen, dann lohnt sich ein Blick in die „Heiligen Schriften" dieser Religionen. Selbstverständlich geht es in jeder Religion letztlich um die Verehrung einer Gottheit. So ist beispielsweise auch das Ziel der Psalmen Davids die Verehrung Gottes. Gerade in diesem Punkt wird ein Vergleich zwischen dem koranischen und biblischen Gottesbild interessant. Gemäß den Evangelien ist Gott Mensch geworden und auf diese Erde gekommen. Christen beten ihn gerade deswegen an, weil er sein Ehrgefühl überwunden und sich für die Rettung der Menschen gedemütigt hat. Obwohl sogar gewisse Koranverse die Idee der Menschwerdung Gottes unterstützen[110], ist sie doch im Islam allgemein verworfen worden. Der in der Bibel beschriebene Gott schiebt seine Ehre auf die Seite und erniedrigt sich aus Liebe zu den Menschen.[111] Der Gott Mohammeds dagegen kann dies nicht. Er würde sich selbst verlieren. Sein alles

---

[110] Siehe dazu mein Buch: „Perlen im Koran", OM-Books, Linz/Österreich 2013.
[111] Vgl. Philipperbrief 2,1-11.

überragendes Bedürfnis nach Unterwerfung der Menschen erstickt die Fähigkeit zu lieben.

Mir ist bewusst, dass gewisse Dinge, die ich in diesem Kapitel beschrieben habe, auf manche Leser schockierend wirken mögen. Es liegt mir fern, jemanden zu beschuldigen oder zu beleidigen. Worum es mir einzig und alleine geht, ist, Zusammenhänge aufzudecken, die helfen, Gefahren zu erkennen und Menschen zu retten. Bevor ein Mensch tötet, *muss* er sich die Frage stellen, weshalb er dies tut.

3. Ehrenkultur beherrschte früher auch Europa

Es mag überraschen zu erfahren, dass auch große Teile Europas über eine lange Zeit von einer ausgeprägten Ehrenkultur beherrscht wurden. Dies hat sicher einerseits mit der römischen Kultur zu tun. Es waren aber wohl hauptsächlich die germanischen Völker, die derartige Sitten und Bräuche pflegten. Sie drangen zur Zeit der Völkerwanderung in Westeuropa ein und trugen zum Zerfall des Römischen Reiches bei. Dabei brachten sie ihre kulturellen Vorstellungen mit. Schon ihre ältesten Schriften wie zum Beispiel das Hildebrandslied, das Nibelungenlied[112] und die isländischen Sagen lehren, dass Edelleute zur Blutrache verpflichtet seien. Demnach ließen sich freie Männer, deren Ehre, Besitz oder Leben verletzt wurden, auf erbarmungslose Kämpfe bis zur Ausrottung des gegnerischen Clans ein, wobei

---

[112] Als dramatisches Beispiel sei hier die Sage von Kriemhild im Nibelungenlied erwähnt. Weil Kriemhild die Königin Brunhild beleidigt hat, wird ihr Mann Siegfried ermordet. Sie muss viele Jahre warten, bis sich die Gelegenheit zur Rache bietet. Die Ehre erlaubt es aber dem König, der ihr Bruder ist, nicht, ihr den Mörder namens Hagen auszuliefern. So entwickelt sich ein dramatischer Kampf, in dem unzählige Unschuldige sterben müssen. Aus Ehrengründen entflammt die Schlacht immer wieder von Neuem, bis schließlich alle Beteiligten ums Leben gekommen sind. Kriemhild hat dabei sogar ihren einzigen Sohn verloren und eigenhändig ihren Bruder getötet.

auch Frauen und Kinder nicht geschont wurden. Ausdrücklich wird auch Ehebruch als Grund für Blutrache genannt.

Im Mittelalter waren solche Fehden zwischen Großfamilien dann an der Tagesordnung. Unter dem Eindruck der verheerenden Folgen derartiger Zwänge versuchten die politischen Machthaber allerdings schon früh, Regeln für Fehden aufzustellen, um sinnloses Blutvergießen zu verhindern[113]. So musste beispielsweise eine Fehde öffentlich angekündigt werden, um die Chance zur Bezahlung eines Sühnegeldes zu geben. Im mittelalterlichen Heiligen Römischen Reich Deutscher Nation, wie Deutschland damals hieß, wurden daher Fehden im „ewigen Landfrieden" 1495 offiziell verboten. Es dauerte dann allerdings noch etwa hundert Jahre, bis das Verbot wirklich eingehalten wurde.

Im Laufe der Zeit gelang es, die Fehden durch eine andere Art von Ehrenmord zu ersetzen, die weniger Schaden anrichtete. Beim sogenannten Duell kämpften statt zwei ganzer Clans nur noch zwei Personen gegeneinander, sei dies nun mit dem Schwert oder mit der Pistole. Das Duell war tatsächlich ein geeignetes Mittel, um Fehden einzudämmen. Es mussten nämlich diejenigen Personen direkt gegeneinander kämpfen, die wirklich ein Problem miteinander hatten. Das Endergebnis galt dann als göttliches Urteil, das nicht mehr durch eine erneute Rache infrage gestellt wurde.

Als eine blutige und oft tödliche Angelegenheit beruhte also auch das Duell auf dem Ehrendenken. Das Duellieren entwickelte sich im 19. Jahrhundert zeitweise zu einer Plage. Im bekannten Roman „Die drei Musketiere" von Alexandre Dumas wird dies anschaulich geschildert. Die darin beschriebenen französischen Soldaten sind derart eitel, dass sie bereit sind, wegen kleinster Ehrverletzungen tödliche Duelle anzuzetteln.

---

[113] Ein Beispiel dazu ist das Edictum Rothari, die Gesetzessammlung des Langobardenkönigs Rothari 643 n. Chr. In den Punkten 45 und 74 werden Bußen für derartige Situationen festgesetzt, wobei ausdrücklich gesagt wird, dass dadurch Fehden vermieden werden sollen. Für Details siehe: Die Gesetze der Langobarden, hrsg. u. übers. v. F. Beyerle, Weimar 1947, Seite 20 f, 26 f.

Über Jahrhunderte kämpften Philosophen, Theologen und Politiker gegen verschiedene Aspekte der Ehrenkultur. Manche Schriftsteller bemühten sich, die sinnlosen Leiden aufzuzeigen, die das Ehrendenken mit sich brachte. Zu dieser Literatur zählt der Roman „Effi Briest" von Theodor Fontane. Diese Familiengeschichte zeigt Menschen, die sogar gegen Ende des 19. Jahrhunderts immer noch zutiefst vom Ehrendenken beherrscht sind. Die siebzehnjährige Effi wird von ihrer Mutter dazu überredet, Baron von Innstetten zu heiraten, der mehr als doppelt so alt ist wie sie. Dieser sieht Effi aber nicht als gleichwertige Partnerin, sondern eher wie ein Schmuckstück, das er zu Hause aufbewahrt, während er sich auf seine Geschäftsreisen begibt.

Ganz anders geht einer seiner Freunde mit Effi um. In der Abwesenheit des Barons verführt er Effi durch seine Zuwendung. Der Baron erfährt von dieser Affäre erst sechs Jahre, nachdem sie beendet war. Doch sein Ehrgefühl ist dadurch derart verletzt, dass er seinen Freund zum Duell herausfordert und ihn dabei tötet. Von Effi lässt er sich scheiden. Auch ihre Eltern verstoßen sie. Sie nehmen sie nicht bei sich auf, weil die Tochter mit Schande beladen ist. So muss sie sich alleine durchschlagen, obwohl sie nie auf eine derartige Situation vorbereitet wurde. Ihr einziges Kind dagegen wird ihr weggenommen und sie darf es nie mehr sehen. Durch diese Katastrophe innerlich gebrochen, wird sie schwer krank und stirbt.

Fast zur gleichen Zeit wie Fontane schrieb auch der Wiener Oberarzt Arthur Schnitzler sein Buch „Leutnant Gustl". Darin erhält man einen sehr eindrücklichen Einblick in die inneren Kämpfe eines Wiener Offiziers. Der eitle junge Mann wurde von einem Bäcker beleidigt. Dieses Erlebnis löste in ihm einen tiefen inneren Kampf aus. Rachegedanken vermischten sich mit früheren inneren Verletzungen und Stolz mit allgemeinen Komplexen. Aber weil er gar kein Selbstvertrauen besaß, entschloss er sich nicht zum Kampf, sondern zum Selbstmord. Dies erschien ihm als einziger Ausweg aus dieser schrecklichen Situation. Am Morgen erfuhr er allerdings zu seiner Überraschung, dass der Bäcker in dieser Nacht an Herzversagen gestorben sei. Diese Nachricht rettete sein Leben.

Auf zweifache Weise gibt „Leutnant Gustl" einen Einblick in die damalige Ehrenkultur Mitteleuropas. Zunächst durch die Geschichte selbst. Durch eine simple, unbedachte Beleidigung konnte ein großes Drama ausgelöst werden. Auf heutige Menschen wirkt die Geschichte fast lachhaft, wenn sie nicht todernst wäre.

Das zweite Drama folgte im Leben des Schriftstellers Arthur Schnitzler selbst. Das Buch brachte ihm nämlich eine Vorladung vor Gericht ein. Weil seine Novelle das peinliche Innenleben eines ehrbaren Offiziers zur Schau stellte, wurde sie als Skandal empfunden. Arthur Schnitzler musste sich vor einem Ehrengericht verantworten. Dieses verurteilte ihn, sein Titel als Oberarzt wurde ihm aberkannt. Man höre und staune: Es gab also noch ums Jahr 1900 in Europa Ehrengerichte und diese sprachen Urteile aus, die nur innerhalb von Ehrenkulturen einen Sinn ergaben. Denn nach heutiger europäischer Logik hatte das Buch „Leutnant Gustl" überhaupt nichts mit dem Arztberuf des Verfassers zu tun.

Ein letztes Beispiel aus der früheren europäischen Ehrenkultur soll dieses Kapitel abschließen. Dabei erinnere ich an etwas, was den Lesern bekannt sein dürfte, nämlich dass die Messe jahrhundertelang auf Lateinisch und ganz ohne Übersetzung gelesen wurde. Viele Kirchgänger verstanden wohl wenig davon. Wieso gingen sie denn dann überhaupt in die Kirche? Nicht, um etwas zu lernen, sondern in erster Linie, um Gott Ehre zu erweisen. Es war eine Frage des Respektes und der Würde, zur Messe zu gehen. Aus diesem Grunde erschien es völlig unnötig zu verstehen, was dort gesagt wurde. Im Gegenteil, die Unverständlichkeit der Messe erhöhte noch das Gefühl des göttlichen Geheimnisses, welches umso mehr geehrt werden musste.

Die Leute waren stolz darauf, die Bekenntnisse ihrer Kirche auf Lateinisch aufsagen zu können, egal ob sie deren Sinn verstanden oder nicht. Ganz ähnlich geht es bis heute Millionen von muslimischen Kindern, die den Koran auf Arabisch auswendig lernen müssen, obwohl sie diese Sprache kaum verstehen. Das Buch Allahs in ihrer eigenen Sprache auswendig zu lernen, würde als Schande betrachtet.

Wenige Europäer sind sich wohl bewusst, wie sehr unser Kontinent noch vor wenigen Generationen von einer Ehrenkultur geprägt war. Eine enorme Veränderung ist seither geschehen. Was hat diesen verblüffenden Wandel verursacht?

Teil 3
Wege zur Veränderung

1. Direkte Opferhilfe

Ehrenkulturen bestimmen das Denken der Menschen auf diktatorische Weise. Eigene Entscheidungen sind nur innerhalb bestimmter Grenzen möglich. Der Mensch lebt gleichsam eingesperrt hinter dicken Mauern und kann sich das Leben außerhalb gar nicht vorstellen. Trotzdem spüren Millionen ein tiefes Sehnen nach Freiheit. Unzählige haben schon versucht zu fliehen. Insofern kann die Gefangenschaft in einer Ehrenkultur an das Leben in einer politischen Diktatur erinnern.

Swera, Carmen Bin Ladin, Meral al-Mer und Sabatina James sind Beispiele derartiger Fluchtversuche. Diese mutigen Menschen benötigen praktische Hilfe. Ob sie diese erhalten oder nicht, kann über Leben und Tod entscheiden.

Wie ich bereits erwähnt habe, treffe ich unter Asylsuchenden immer wieder Opfer der Ehrenkultur an. Ich weiß nicht, wie viel Prozent der Asylbewerber letztlich auf der Flucht vor damit verbundenen Bedrohungen sind. Es müssen sehr viele sein. Aus Angst verbergen sie oft den wahren Grund ihrer Flucht. So lernte ich kürzlich einen Algerier kennen, der ein ganz normaler Asylbewerber zu sein schien. Doch als er mich für eine Übersetzung benötigte, konnte ich einen Blick hinter die Kulissen tun, und es zeigte sich, dass er in Wirklichkeit weder vor Terroristen noch vor der Regierung, sondern vor Bluträchern floh. Er hatte sich nämlich vor zehn Jahren in eine junge Frau verliebt, diese gegen den Willen ihrer Familie geheiratet und sie geschwängert. Obwohl sie meinten, sie hätten ihre Spuren gut verwischt, wurde die Frau nach der Geburt von ihrem eigenen Bruder aufgespürt. Er ermordete sie samt dem neugeborenen Baby. Zudem ließ der Bruder verlauten, wenn er den Mann finde, werde er auch ihn umbringen. Seither ist dieser in mehreren Ländern unterwegs, immer von der Angst getrieben, erkannt zu werden.

In unserer westlichen Kultur ist es unvorstellbar, dass jemand von der eigenen Familie ermordet wird, um die Ehre wiederherzustellen. So erstaunt es nicht, dass es uns im Westen immer wieder schwerfällt, einen echten Asylgrund zu erkennen, wenn jemand Asyl beantragt, weil er aufgrund der Familienehre von seinen Verwandten verfolgt wird. Eine noch größere Herausforderung ist es, Asylbehörden, Sozialarbeiter oder Lehrer davon zu überzeugen, dass diese Menschen oft auf einen umfassenden Opferschutz angewiesen sind.

Wer das Buch von Meral al-Mer aufmerksam liest, wundert sich, wieso niemand aus der Nachbarschaft eingegriffen hat, als ihr Vater immer wieder gegen sie gewalttätig wurde. Einmal ertränkte der Vater beinahe seine Tochter im Beisein vieler Leute, ein anderes Mal schoss er vor der ganzen Verwandtschaft auf sie. Das halbe Wohnviertel muss über diese Familie getuschelt haben. Erst als Meral im Heim landete, erhielt sie Hilfe von einer Sozialarbeiterin. Viele Lehrer und Psychiater kommen unweigerlich durch ihre Arbeit mit gefährdeten Menschen aus Ehrenkulturen in Kontakt. Ihr Verhalten in derartigen Situationen kann in diesem Kampf auf Leben und Tod entscheidend sein.

In den besonders betroffenen Ländern unterhalten Amnesty International, Terre des Femmes und andere Menschenrechtsorganisationen Büros und Frauenheime, welche Hilfe anbieten[114]. Oft sind es auch Kirchen, in denen Aussteiger Schutz suchen. Aber weil sie selbst von der Ehrenkultur geächtet und verfolgt werden, schließen die Kirchen in islamischen Ländern meist ihre Tore für derartige Hilfe-

---

[114] Siehe: http://de.wikipedia.org/wiki/Liste_von_Menschenrechtsorganisationen. Auf dieser Liste finden sich kleine und große Organisationen, welche Mitarbeiter für eine Vielzahl von Aktivitäten suchen. Kontaktadressen für Betroffene in meinem Buch im Anhang.

suchende. Wenn bekannt wird, dass sie Ex-Muslime oder ähnliche Aussteiger verstecken, kann dies ihre eigene Existenz bedrohen. Es kann im Orient durchaus vorkommen, dass Kirchen und christliche Geschäfte aus derartigen Gründen von der Bevölkerung abgebrannt oder von der Polizei versiegelt werden.

Frauen, die aus Zwangsehen in freie Länder entkommen sind, können unter Umständen anderen in ähnlichen Situationen die beste Hilfe bieten. Ein Beispiel dafür sind Sabatina James und Serap Çileli, welche beschreibt, wie viele verzweifelte Frauen sie nach der Veröffentlichung ihres Buches kontaktierten (siehe in meinem Buch Seite 20). Auch Ex-Muslime haben sich inzwischen in verschiedenen westlichen Ländern in Vereinen organisiert[115]. In Indien hat ein Geschäftsmann die Organisation „Love commandos" gegründet[116]. Sie hat mehr als 600 000 Mitglieder im ganzen Land. Auf ihrer 24-Stunden-Hotline gehen täglich durchschnittlich 300 Anrufe ein. Die Organisation unterhält über ganz Indien verteilt sieben Schutzhäuser.

Mit Fantasie und Einsatz könnte vielen Bedrängten geholfen werden. Hilfe zur Selbsthilfe ist immer das Effektivste. Wir sollten dabei aber niemanden davon versuchen zu überzeugen, die Ehrenkultur sei prinzipiell schlecht und er oder sie müsse nun die Familie verlassen. Das wäre unfair und zerstörerisch. Aber dort, wo Menschen unter unerträglichen Druck kommen und aussteigen möchten bzw. müssen, sollten sie auch Menschen und Organisationen finden können, die ihnen beistehen.

Die schon erwähnte Berliner Rechtsanwältin Seyran Ateş berichtet aufgrund ihrer beruflichen Erfahrungen: „Es ist problematisch, wenn bedrohte Frauen lediglich an einen sicheren Ort gebracht werden, die Männer aber in ihrem Ärger, ihrer Wut über die ‚Schande', die die Frau über sie gebracht hat, sich selbst überlassen werden. Ich halte es für ganz zentral, mit den Familien in Kontakt zu treten, in denen

---

[115] Siehe: www.ex-muslime.ch

[116] Mehr Details dazu unter: http://en.wikipedia.org/wiki/Love_Commandos

eventuell ein Ehrenmord geplant wird. Natürlich heißt das nicht, alle muslimischen Familien unter Generalverdacht zu stellen. Es geht mir lediglich um die Fälle, in denen von den Frauen Hinweise gegeben werden, die ermittelbar sind. In dieser Phase des Konflikts könnte auch Männern geholfen werden, sich dem sozialen Druck der Familie zu entziehen, indem ihnen Angebote gemacht werden, mit der Situation anders umzugehen."[117]

Es wäre wünschenswert, dass Kirchen auf diesem Gebiet aktiv würden, insbesondere in denjenigen Ländern, die staatlichen Schutz gewähren. Sie könnten dezentralisierte Netzwerke aufbauen, um jederzeit bedrohte Menschen aufzunehmen, zu schützen, an einen anderen Ort zu bringen und zu einem Neustart zu begleiten. Sie sollten bei der ganzen Bevölkerung dafür bekannt sein, damit diejenigen, die in Not sind, auch wissen, wohin sie fliehen können. Es darf nicht sein, dass verfolgte Menschen ihr Leben verlieren, nur weil sie nicht wissen, wo sie Hilfe finden können. Die Betroffenen müssen neue Mütter, Väter und Geschwister erhalten und an einem ganz anderen Ort neu beginnen können.

Staatliche Hilfe[118] ist dort gut, wo sie möglich ist. Ich kenne eine Ex-Muslimin, welche in Deutschland unter dem Opferschutzprogramm steht. (Über Opferschutz geben zum Beispiel private Hilfsorganisationen Auskunft: Informationen im Anhang, siehe Seite 147 f.) In England wurde etwa der Schriftsteller Salman Rushdie, der wegen seines Buches „Satanische Verse" lange Zeit in Lebensgefahr war, vom Staat beschützt.

Doch staatliche Hilfe ist meist schwer oder nicht schnell zu erhalten, weil sie an starre Gesetze gebunden ist. Die Opfer können nicht immer so leicht beweisen, dass sie wirklich in Gefahr sind. Auch fürchten sich viele davor, vor Gericht aussagen zu müssen. Private

---

[117] „Der Multikulti-Irrtum", S. 89 f.

[118] In den letzten Kapiteln von Senan Elyafi-Schulz', „Das Phänomen des Ehrenmordes" finden sich Ausführungen zur staatlichen Hilfe für Ehrenmordopfer.

Hilfe ist spontaner und flexibler. Ideal ist eine kombinierte Lösung. So haben wir bei uns zu Hause mehrmals Asylsuchende beherbergt, die in ihrem Asylantenheim um ihr Leben fürchteten. Als die Behörden verstanden, dass die Befürchtungen berechtigt waren, haben sie die betreffenden Personen unter Berücksichtigung der veränderten Situation wieder aufgenommen und sie an einem anderen Ort untergebracht. Private Helfer sind schnell in Gefahr, sich zu überfordern. Die staatliche Hilfe, auch wenn sie verspätet eintrifft, kann eine große Entlastung sein.

Wirksame Opferhilfe könnte auch darin bestehen, dass jemand wie die erwähnte Reporterin Ayşe Önal einen Mörder im Gefängnis besucht. Es geht nicht nur darum, diesen Menschen zu betreuen, sondern ihm eine neue Sicht zu vermitteln. Wie wir gesehen haben, sind die Täter ebenso Opfer der Ehrenkultur wie die Getöteten. Sie wurden dazu verführt, eine der schrecklichsten Taten zu vollbringen, die ein Mensch tun kann: unschuldige Menschen umzubringen oder sogar Mitglieder der eigenen Familie zu ermorden. Niemand kann so etwas tun und danach unbekümmert und gefühllos bleiben. In stillen Nachtstunden brechen qualvolle Gewissensnöte auf. Viele Mörder fragen sich nach ihrer Tat, ob sie dafür bei Gott jemals Vergebung bekommen können.

Der Ehrenmord war zwar nicht ihre eigene Idee. Irgendein Onkel oder Bruder hätte die Tat genauso vollbringen können. Trotzdem bleiben sie schlussendlich alleine mit ihrer Schuld. Ihre Berichte erschüttern das Herz eines jeden Menschen. Wenn sie das Gefängnis verlassen, ist nichts mehr so wie früher. Sie werden zwar einerseits von der Gesellschaft als Mörder verachtet, doch zugleich als Menschen, die sich für die Familie geopfert haben, auch irgendwie bewundert.

Die meisten dieser Mörder denken, dass ihr Leben nach ihrer Tat wertlos sei. Tatsächlich könnte es jedoch einen neuen Sinn erhalten. Gerade sie könnten wichtige Schlüsselpersonen werden, indem sie die junge Generation davor warnen, die gleichen Fehler zu begehen wie sie. Wenn ein solcher Mann bei seiner Freilassung beginnen würde, öffentlich die ganze Lüge des Ehrenmordes aufzudecken, könnte er viel bewirken. Er könnte sehr glaubwürdig auftreten, weil er am eigenen Leib schmerzlich erfahren hat, dass Ehrenmorde sich nicht lohnen. Viele Menschen werden gebraucht, die sich praktisch in der Hilfeleistung für Gefährdete engagieren. Doch müssen wir uns auch bewusst sein, dass Opferhilfe nicht die Lösung des eigentlichen Problems ist. Um das Grundproblem zu lösen, müsste an denjenigen Bereichen der Ehrenkultur gerüttelt werden, welche diese Morde laufend hervorbringen.

2. Lobby gegen Ehrenmord, Lügenkultur und Zwangsheirat

Der Film „Al-Thaar" (Blutrache) von Mohamed Khan erzählt die Geschichte eines Mannes, dessen Frau von vier Fremden entführt und vergewaltigt wird. Der Gatte schweigt sich der Polizei gegenüber aus. Während seine Frau bewusstlos im Krankenhaus liegt, sinnt er auf Rache. Es gelingt ihm tatsächlich, das Auto, welches für die Tat benutzt wurde, und dessen Eigentümer aufzuspüren. Erbarmungslos ermordet er ihn und zwei seiner Freunde. Doch als er den letzten des Quartetts töten will, kommt ihm die Polizei zuvor und verhaftet ihn. Diese hat nämlich inzwischen die wahren Vergewaltiger ausfindig gemacht und der Rächer muss zu seinem Schrecken feststellen, dass er Unschuldige ermordet hat.

Im Film von Nagib Machfus: „Der Teufel predigt", geht es um die Vergewaltigung einer Frau vor den Augen ihres Ehemannes. Dieser wird von den Männern des Dorfes niedergehalten, während die Schandtat vom Bürgermeister ausgeführt wird. Es geht eigentlich gar nicht um die Frau, sondern darum, das Nachbardorf, aus dem sie stammt, zu demütigen und besonders dessen Vorsteher, der früher mit dieser Frau verlobt gewesen war. Das Ganze führt schließlich zu einem offenen Kampf, in welchem viele Männer beider Dörfer ihr Leben lassen müssen.

Beide Filme finden kein Happy End. Sie hinterlassen eine depressive Stimmung. Das ist auch so gewollt, denn die Autoren wollen anhand dieser Geschichten zeigen, wie unsinnig das übertriebene Ehrdenken und die damit verbundenen Morde sein können. Nicht nur Mohamed Khan und Nagib Machfus, auch Taha Hussein und andere berühmte arabische Schriftsteller haben zahlreiche Bücher und Filme produziert, in denen sie die Problematik der verschiedenen Arten von Ehrenmorden darstellen.

Ich bin sicher, dass diese Medien das Denken vieler Araber beeinflusst und manch ein Menschenleben gerettet haben. Doch ist es ihnen letztlich nicht gelungen, die Kultur zu verändern. Der Grund dafür könnte sein, dass alle diese Geschichten, obwohl sie sehr bewegend sind, trotz allem nur indirekte und versteckte Kritik enthalten. Vielleicht können wir daraus folgern, dass das Darstellen des Leidens nicht genügt. Es braucht offenbar mehr als das, nämlich den Ehrengötzen im Zusammenhang von Islam und Ehrenkultur auf einer tieferen Ebene zu hinterfragen.

Angesichts der Arbeit dieser großartigen Schriftsteller zeigt sich, dass man ein Problem nicht lösen kann, wenn man es nicht offen anspricht. Die Kultur kann man immer kritisieren, das stört niemanden. Dafür ist ja niemand verantwortlich. Doch die Mitschuld des Islam aufzuzeigen, braucht Mut, weil das allzu leicht als Beleidigung Gottes aufgefasst und lebensgefährlich werden kann. Man sucht tausend Ausflüchte, um den Islam zu rechtfertigen, und zwar aus Angst, Gottes Zorn oder wenigstens denjenigen von Menschen auf sich zu lenken. Doch dadurch werden keine Missstände behoben, sondern nur die Wahrheit vertuscht.

Auch im Westen ist die Tendenz verbreitet, Kritik am Islam zu vermeiden. Man hat von der Erfahrung der dänischen Karikaturisten Vorsicht gelernt. Diese müssen nun mit der Realität leben, dass ihretwegen zahlreiche Menschen umgebracht wurden. Wer möchte schon eine ähnliche Schuld auf sich laden? Mutiger als die Europäer sind allerdings Kritiker, die selbst aus dem Nahen Osten stammen. Unter ihnen gibt es heutzutage zwei Gruppierungen. Einerseits eine wachsende Anzahl von arabischen Atheisten, welche über Internetzeitungen und Blogs die politischen und religiösen Führer des Nahen Ostens für geschehene Verbrechen zur Verantwortung ziehen. Die zweite Gruppierung besteht aus überzeugten Christen, welche Satellitensender und Chaträume betreiben, in denen detailliert alle Bereiche der islamischen Religion aus ihrer Sicht diskutiert werden[119]. Die Mitarbeiter beider Richtungen nennen die Dinge beim Namen und riskieren damit viel. Sie lassen sich weder durch Beschimpfungen noch Todesdrohungen zum Schweigen bringen. Wichtig ist aber, dass nicht emotional oder beleidigend, sondern aufgrund von Fakten argumentiert wird.

Aber wie steht es mit uns Europäern? Dürfen wir überhaupt Lügenkultur, Ehrenmord oder Zwangsheirat anderer Kulturen kritisieren, wo wir doch selbst eine so traurige Vergangenheit haben? So fragen sich viele Menschen. Und eine Mehrzahl von ihnen schweigt lieber. Wir haben gelernt, tolerant zu sein und alle Kulturen als gleichwertig anzusehen, ohne zu verurteilen. Das ist auch richtig. Doch diese Toleranz darf uns nicht blind machen für unsere Verantwortung, dem Unrecht entgegenzutreten. „Toleranz" kann auch eine beschönigende Umschreibung sein, dass einem die Probleme anderer Menschen gleichgültig sind.

„Toleranz tötet muslimische Frauen", erklärt Serap Çileli, die die tödliche Bedrohung am eigenen Leib erfahren hat. Damit will sie sagen, dass es eine falsche Toleranz gibt. Nicht nur diejenigen, welche den Terror von Zwangsehen, Ehrenmord und Lügenkultur unter-

---

[119] Bekannt wurden vor allem die Sendungen des ägyptischen orthodoxen Priesters Zakarja Butrus und des marokkanischen Ex-Muslims Raschid auf den Internetkanälen Al-Hayat und Al-Fady.

stützen, begehen Verbrechen; Çileli weist darauf hin, dass sich auch diejenigen schuldig machen, welche sie dulden, ohne dagegen aufzutreten. Durch unser Schweigen tragen wir nicht nur zum Tod muslimischer Frauen, sondern auch zur Ermordung unschuldiger Männer, zum Völkermord und zur Auslöschung von Religionsgemeinschaften, zur Ausrottung nichtarabischer Sprachen[120] und Kulturen sowie der Versklavung wehrloser Menschen bei.

Dass frühere europäische Generationen ungerechte Gewalttaten verschiedener Art begingen, wissen wir. Aber diese Gewalt hörte auf, weil es Menschen gab, die das Unrecht beim Namen nannten. Der Verweis auf die Fehler der Vergangenheit darf uns nicht davon abhalten, die *heutige* Gewalt und ihre Ursachen mutig zu kritisieren. Nicht nur Europa, sondern auch andere Völker haben eine blutige Vergangenheit. Doch wir sind denjenigen unserer Vorfahren zu Dank verpflichtet, welche ihr Leben dafür einsetzten, dass derartige Missstände großenteils überwunden wurden, während sie in manch anderen Ländern bis heute bestehen.

Es gibt heute in Europa keine Hexenverbrennungen mehr. Man kann aus der katholischen und jeder anderen Kirche austreten, ohne sich in Lebensgefahr zu begeben. Minderheiten leben bei uns in Sicherheit. Aber im Nahen Osten geht jede Art von Ehrenmord seit Jahrhunderten bis zum heutigen Tag weiter. Wenn wir dazu schweigen, wird es morgen auch bei uns wieder so zugehen wie in den schlimmsten Zeiten der Vergangenheit. Die Gefahr besteht, dass wir das, was wir erarbeitet haben, wieder verlieren, weil wir seinen Wert nicht erkennen und nicht darum kämpfen.[121]

---

[120] Durch den Glauben, dass die arabische Sprache göttlich und überlegen sei, sind viele Sprachen bereits ausgerottet worden (zum Beispiel Koptisch). Andere kämpfen heute ums Überleben (zum Beispiel Syrianisch oder Aramäisch).

[121] Ein ZDF-Film vom 2.9.2015 zeigt Ehrenkultur in Migrantenfamilien in Deutschland: https://www.youtube.com/watch?v=UVOSUuuJIoc

3. Schwächen der europäischen Kultur erkennen

Bei ihrem Besuch in der Schweiz vom 3. September 2015 wurde die deutsche Bundeskanzlerin Angela Merkel im Rahmen einer Podiumsdiskussion auf die Angst vor einer Islamisierung angesprochen: „… vor allem mit Flüchtlingen aus Syrien (…) kommen ja noch mehr Menschen mit einem islamischen Hintergrund zu uns (…). Wie wollen Sie Europa in dieser Hinsicht und unsere Kultur schützen?", fragte eine Zuhörerin. In ihrer Antwort wies die Bundeskanzlerin darauf hin, dass Angst noch nie ein guter Ratgeber war: „Kulturen und Gesellschaften, die von Angst geprägt sind, werden mit Sicherheit die Zukunft nicht meistern." Und sie ermutigt, zu den Werten der westlichen Kultur zu stehen: „Ich muss Ihnen ganz ehrlich sagen: Wir haben doch alle Chancen und Freiheiten, uns zu unserer Religion – sofern wir sie ausüben und an sie glauben – zu bekennen. Und wenn ich etwas vermisse, dann ist es nicht, dass ich jemandem vorwerfe, dass er sich zu seinem muslimischen Glauben bekennt, sondern dann haben wir doch den Mut zu sagen, dass wir Christen sind … Haben wir doch dann bitteschön auch die Tradition, mal wieder in den Gottesdienst zu gehen oder ein bisschen bibelfest zu sein und vielleicht auch mal ein Bild in der Kirche noch erklären zu können. Und wenn Sie mal Aufsätze in Deutschland schreiben lassen, was Pfingsten bedeutet, dann würde ich mal sagen: Es ist mit der Kenntnis über das christliche Abendland nicht so weit her. Und sich dann anschließend zu beklagen, dass sich Muslime im Koran besser auskennen, finde ich irgendwie komisch. Vielleicht kann uns diese Debatte auch mal wieder dazu führen, dass wir uns mit unseren eigenen Wurzeln befassen und ein bisschen mehr Kenntnis darüber haben. Insofern finde ich diese Debatte sehr defensiv."[122]

---

[122] http://www.srf.ch/play/tv/news-clip/video/merkel-ueber-die-angst-vor-einer-islamisierung?id=18886c54-51e4-469b-8a98-45f1a817219b

Bundeskanzlerin Merkel ermutigt uns, mit den Menschen, die aus islamischen Ländern nach Europa geflohen sind, in einen Dialog einzutreten. Ist dieser Dialog überhaupt möglich?

Es ist einfach, mit Menschen aus dem Orient Beziehungen anzuknüpfen. Doch Friedensstifter zwischen den beiden Kulturen zu werden, ist eine ganz andere Sache. Wer dies tun will, muss sowohl das Positive auf beiden Seiten erkennen und der jeweils anderen Seite vermitteln als auch dem Negativen hüben und drüben mutig entgegentreten. Nur so wird er glaubwürdig und effektiv.

Den schönen Seiten der Ehrenkultur habe ich bereits ein Kapitel gewidmet. Auch die schwierigen Aspekte haben wir zur Genüge behandelt. Doch wie steht es mit den Werten der westlichen Kultur und der Kritik aus islamischen Ländern daran? Wenn wir wirklich Frieden stiften wollen, müssen wir beide Seiten verstehen. Es genügt nicht, die Anklagen des Nahen Ostens mit einer Handbewegung wegzuwischen. Wir müssen uns ihnen stellen und verstehen, was so viele Muslime gegen uns aufbringt.

Oberflächlich gesehen ist der Konflikt ein historischer. Da werden dem Westen die Kreuzzüge und die Kolonisation, die Unterstützung Israels und die Rolle der NATO in Kriegen der letzten Jahrzehnte vorgeworfen. Allerdings: Genauso ungerechte Kriege wie im Westen hat es auch im Orient immer und immer wieder gegeben, und die Muslime haben genauso wenig eine reine Weste wie der Westen.[123] Unter meinen muslimischen Freunden gibt es jedenfalls viel mehr, die von ihren eigenen Leuten geschädigt wurden, als von der NATO. Im Allgemeinen wird bei ihnen mehr und länger über die arabischen Regierungen als über die Amerikaner geklagt.

Dass die Kriege der Vergangenheit und die neueren politischen Probleme das Hauptproblem für die heutige Entfremdung seien, ist

---

[123] So wurden während vieler Jahrhunderte Europäer und Afrikaner von muslimischen Piraten entführt und versklavt. Ein Beispiel dazu ist die Geschichte von Vinzenz von Paul, siehe Bernard Pujo: „Pionier der Moderne – das abenteuerliche Leben des Vinzenz von Paul", Verlag Herder, Freiburg i. Br. 2008.

nach meiner Erfahrung meist nur vorgeschoben. Auch die unglückliche amerikanische Außenpolitik in neuerer Zeit ist zwar ein Problem, aber nicht der Kern der Sache, sonst hätten ja alle islamischen Staaten längst die Freundschaft mit den USA aufgekündigt. Zudem würden die Flüchtlinge nicht nach Westen strömen, wenn dessen Politik derart furchterregend wäre.

Wenn wir den Extremisten den Wind aus den Segeln nehmen wollen, müssen wir wissen, was der tiefste Grund ist, der Menschen aus dem Nahen Osten an unserer Kultur abstößt, oft sogar die, die uns anfangs wohlwollend gegenüberstehen. Die meisten von uns denken vielleicht, dass unsere moderne westliche Lebensweise neutral sei. Und wir wundern uns, wie man gegen etwas derart Neutrales sein kann. Doch jede Kultur empfindet sich selbst als normal und gemäßigt. Um eine objektivere Sicht von uns zu erhalten, müssen wir uns fragen, in welche Richtung sich das Denken der Europäer verändert.

Tatsächlich entwickelt sich der Westen seit einiger Zeit so ziemlich genau in die gegenteilige Richtung der Ehrenkultur. Wenn jene die Großfamilie ins Zentrum setzt, so ist es bei uns zunehmend das Individuum. Die Rechte des Einzelnen werden immer zentraler, die der Groß- wie auch der Kleinfamilie nehmen dagegen an Bedeutung ab. Die Familienehre, die früher auch in Europa wichtig war, spielt inzwischen praktisch überhaupt keine Rolle mehr.

Um es an einem kleinen Beispiel zu erläutern: Als meine Eltern heirateten, war es ihnen nicht erlaubt, ein paar Tage früher ihre Wohnung zu beziehen, weil sie noch keinen Trauschein hatten. Heute ist Ehe ohne Trauschein eine Selbstverständlichkeit geworden und auch eine Scheidung wird nicht mehr als Schande empfunden. Immer mehr Tabus werden fallen gelassen. Dies ist für einen Muslim, der seinen Glauben ernst nimmt, unvorstellbar. Wenn Muslime aus ihrer ursprünglichen Heimat in den Westen kommen, dann radikalisieren sie sich teilweise – als Antwort auf die „dekadente" westliche Kultur, die sie total verunsichert.

Die Entwicklung in der modernen westlichen Kultur wird von der islamischen Welt zunehmend kritisch beobachtet. Aus der Sicht der Ehrenkultur ist es schwer, in der Schwächung der Familie etwas Gutes zu sehen. Wenn man daran gewöhnt ist, die Großfamilie und die Beziehungen mit anderen Familien als das Wichtigste im Leben zu sehen, muss einem die Entwicklung der westlichen Welt als eine gefährliche mit zerstörerischen Tendenzen erscheinen. Eine Kultur, welche um der Selbstverwirklichung der Einzelnen willen mitmenschliche und familiäre Beziehungen opfert, erscheint als egoistisch und dekadent. Dies ist die Vorstellung, die ein Großteil der Muslime von uns hat. Radikalislamische Hetzprediger haben es deshalb leicht, den Westen als kalt, negativ, verdorben und schmutzig darzustellen. Manches, was wir tun, gibt ihnen geradezu die Argumente in die Hand, mit denen sie die Massen gegen uns aufhetzen können. Sie zeigen mit dem Finger nicht nur auf unsere „Gott- und Schamlosigkeit", sondern werfen uns auch die Erfindung von Porno- und Horrorfilmen vor und klagen uns für Sittenzerfall sowie die zunehmende Vereinsamung und Gefühlskälte in unserer Gesellschaft an. Auf diese Art wird im Osten die Überzeugung gestärkt, dass unsere Kultur gefährlich und verabscheuungswürdig, die Ehrenkultur dagegen überlegen sei.

Aus unserer Sicht dagegen hat die neue Kultur Europas praktisch nur Gutes gebracht. Dass man zum Beispiel uneheliche Kinder nicht mehr verachtet und benachteiligt, dass man anderen vorurteilslos begegnet und auch Menschen mit Behinderungen in die Gesellschaft integriert, sind gewiss Schritte in die richtige Richtung. Dass Frauen die gleichen Rechte wie Männer haben, allen zumindest theoretisch unabhängig von ihrer Herkunft und materiellen Verhältnissen die gleichen Bildungschancen zustehen, soziale Wohlfahrt und Sicherheit für alte Menschen garantiert werden, das sind zweifellos ethische Fortschritte. Blutrache, Duelle und Ehrenmord sind überwunden. Wahrheit und Ehrlichkeit sind Werte, die im Westen fest in die meisten Herzen geschrieben sind.

Doch die Kritik des Nahen Ostens zwingt uns zu überlegen, wie wir auf Muslime wirken. In den Jahren, die ich im Orient verbracht habe, lernte ich, mich selbst aus der Perspektive der Schamkultur zu beobachten. Allmählich erkannte ich, dass manche meiner Verhaltensweisen kontraproduktiv waren und die Beziehungen mit meinen muslimischen Freunden strapazierten oder bei ihnen sogar Furcht auslösten. Als ich später in den Westen zurückkehrte, stellte ich immer wieder fest, dass die orientalischen Einwanderer durch unsere Kultur ebenso verunsichert sind wie wir durch ihre.

Wer neu nach Europa kommt, entdeckt, dass hier Geld und Zeit wichtiger sind als die mitmenschlichen Beziehungen. Das erleben manche Asylsuchende als einen Schock. Hier im Westen ist es nicht akzeptabel, sein Geschäft zu schließen, um zu Hause Familienprobleme zu lösen. Damit sie in der Arbeitswelt Karriere machen können, sind viele Europäer bereit, sogar ihre Familie zu opfern. Solche Prioritäten sind in vielen Teilen der Welt undenkbar und lösen Verunsicherung und Abwehrreaktionen aus. Es ist nachvollziehbar, dass sich orientalische Neuankömmlinge hier im Westen davor fürchten, ihre Familien könnten auch auseinanderbrechen. Und wenn ihre Kinder in den westlichen Ländern nicht selten Respektlosigkeit und eine verurteilende Haltung gegenüber den Eltern lernen, fühlen sich diese von unserer Kultur zu Recht bedroht.

Menschen aus Beziehungskulturen fühlen sich bei uns oft wie Fische auf dem Land. Es ist gut möglich, dass sie hier Monate verbringen, ohne dass sie jemand besucht oder einlädt. Wenn man aus einer Kultur kommt, welche das allabendliche Zusammensitzen mit Verwandten und Nachbarn als Höhepunkt des Tages betrachtet, erlebt man ein Leben ohne Gäste als eine Art Hölle. Als Vermittler sollten wir aufzeigen, dass wir im Westen aus solchen beziehungsfreundlichen Bräuchen viel Wertvolles lernen können, um der Vereinsamung und den Suchtproblemen in der modernen Gesellschaft entgegenzuwirken.

Allein gelassen zu werden ist für keinen Menschen einfach. Wie viel mehr müssen Menschen, die aus einer Großfamilienkultur stammen, sich vor Vereinsamung im Alter fürchten. Wie gehen wir in unserer Kultur mit dem Alter um? Betrachten wir alte Menschen als weise und besonders wertvoll oder als verbraucht und nutzlos? Ist Lebenserfahrung nicht ein Schatz, von dem die nächsten Generationen profitieren können? Geben wir heute unseren Kindern ein gutes Beispiel, wie sie später mit uns umgehen sollen, wenn wir eines Tages gebrechlich geworden sind?

Aus meiner Sicht haben sowohl die westliche als auch die östliche Kultur ihre Chancen und ihre Schwächen. Deshalb haben wir uns in unserer Familie angewöhnt, eine Brückenfunktion einzunehmen. Wir versuchen, auf beiden Seiten Verständnis zu wecken, aber auch falschen Vorstellungen entschieden entgegenzutreten. Das ist gar nicht einfach. Es ist viel leichter zu polarisieren, die eine Kultur zu verherrlichen und die andere zu verteufeln. Wir möchten nicht Kulturen als solche bekämpfen. Vielmehr wenden wir uns gegen zerstörerische und menschenfeindliche Elemente, die es in jeder Kultur gibt. Egal auf welcher Seite er steht, sollte jeder beginnen, auch sich selbst zu hinterfragen, und die Chance entdecken, von der anderen zu lernen. Es wäre ein erstrebenswertes Ziel, dass niemand mehr seine eigene Kultur absolut setzt. Dann würde das Gewaltpotenzial erheblich kleiner.

Ein Mann, dessen Frau sich scheiden lassen wollte, bat mich einmal um Rat. Er hatte bereits alles versucht, aber es war unmöglich, seine Frau zu verändern. Also riet ich ihm, sein eigenes Verhalten zu ändern. Zuerst wurde er böse und meinte, ich würde seine Klagen gegen seine Frau nicht ernst nehmen. Aber das war nicht meine Absicht, ganz im Gegenteil. Gerade weil ich ihm glaubte, dass seine Frau sehr schwierig war, ermutigte ich ihn dazu, nicht auf ihr „herumzuhacken". Schließlich leuchtete es ihm ein, dass es ihm näher liege, sein eigenes Verhalten zu ändern als dasjenige seiner Angetrauten. Also begann er, in bestimmten Situationen, die wir miteinander zuvor besprochen hatten, ganz anders zu reagieren als bisher. Das überraschte natürlich seine Frau und allmählich handelte auch sie nicht mehr im alten Muster. So begann langsam etwas Neues in ihrer Beziehung zu wachsen.

Das Gleiche gilt in der Beziehung zwischen dem Nahen Osten und Europa. Wir möchten die Ehrenkultur verändern und insbesondere die Ehrenmorde verhindern, ja, uns selbst davor schützen. Das können wir nur begrenzt erreichen, indem wir die Ehrenkultur bekämpfen. Zielführender wird es sein, wenn wir zuerst an unserer eigenen Haltung arbeiten. Ich meine damit nicht, dass wir kein Schweinefleisch mehr essen oder Weihnachten nicht mehr feiern dürften, wie das mancherorts praktiziert wird, um Muslime nicht mehr zu „beleidigen". Es ist wichtig, dass wir selbstbewusst zu unserer Kultur und zu unseren Werten stehen, ohne andere Kulturen zu demütigen. Wir sollten uns stattdessen überlegen, ob es tatsächlich Missstände in unserer Gesellschaft gibt, welche Muslime zu Recht abstoßen, und was wir tun können, um dagegen anzukämpfen. Es ist wichtig, dass wir den Respekt unserer ausländischen Mitmenschen nicht verlieren.[124] Wenn meine muslimischen Freunde erkennen, dass ich mich darum bemühe, ihre Gedanken und Gefühle zu verstehen, beginnen auch sie, mich mit ganz anderen Augen zu sehen. Auch wenn wir verschieden bleiben, nähern wir uns der gemeinsamen Überzeugung, dass beide Kulturen starke und schwache Seiten haben. Beide werden selbstkritischer.

Beide Kulturen werden dort kontraproduktiv, wo sie zum Extrem geführt werden und aufhören, selbstkritisch zu sein. Es ist wichtig, die individuellen Rechte jedes Menschen zu schützen, wie der Westen es tut. Aber es ist genauso wichtig, die Leitfunktion und zentrale Bedeutung der natürlichen Familie zu wahren. Es gilt, das Bewusstsein zu fördern, dass jenseits von Individualität und Konsum Ehe und Familie der Ort einer unermesslich positiven und sinnstiftenden Lebenserfahrung sein können. Die in der Familie erworbenen sozialen Kompetenzen befähigen die Heranwachsenden, später als Erwachsene gegenüber der Gesellschaft und Umwelt verantwortungsvoll zu han-

---

124 Zu diesem Thema ist das Buch von Tobias Schultz: „Faszination, Enttäuschung, Wut: Wie Araber den Westen sehen" zu empfehlen, OM Books, Mosbach 2005.

deln. Oder wie es der Schweizer Pfarrer und Schriftsteller Jeremias Gotthelf schon vor über 150 Jahren formulierte: „Im Hause muss beginnen, was leuchten soll im Vaterland."

Wir benötigen Brücken, damit Versöhnung stattfinden kann. Anklagen nützt wenig. Brücken sind eine Chance, um aus dem Getto auszubrechen. Aber die Brücke muss bereit sein, sich mit Füßen treten zu lassen, wenn sie will, dass andere darüber gehen.

4. Ein Beispiel für die Abschaffung der Ehrenkultur

Als Erstes wird natürlich direkte Opferhilfe benötigt. Um aber langfristig etwas zu verändern, braucht es zweitens den vereinten Einsatz gegen die Auswüchse der Ehrenkultur auf jeder Ebene: Bücher, Filme, Zeitungen, Lehrer und Politiker sollten aufklären. Freunde und Nachbarn können mit Menschen aus Ehrenkulturen das Gespräch suchen, versteckte Überzeugungen und Neigungen in dieser Richtung aufspüren und ihnen ausreden, bevor sie zu blutigen Taten führen. Wichtig ist dabei, dass wir nicht als verurteilende Besserwisser auftreten. Wir müssen sensibel vorgehen, das heißt, sowohl die positiven Seiten der Ehrenkultur verstehen als auch die Schwächen in unserer eigenen Kultur erkennen. Der Kampf sollte nicht gegen die Ehrenkultur gehen, sondern gegen deren Auswüchse. Nur so können wir in den Augen unserer Freunde aus dem Ausland glaubwürdig sein und ihnen Schritt für Schritt aus dieser Falle heraushelfen. Es ist auch wichtig, nicht blauäugig in diesen Kampf einzusteigen und am falschen Ort Hilfe zu erwarten. Das haben wir am Beispiel des Islam und der von ihm geprägten Kulturen gesehen.

Es wird auch Misserfolge geben und wir kommen vielleicht an den Punkt, wo wir uns fragen, ob es überhaupt möglich ist, dieses seit Jahrtausenden festgefahrene Denken zu überwinden. Dabei kann es uns helfen, uns immer wieder neu ins Bewusstsein zu rufen, dass es ja auch in Europa früher viele traurige Auswüchse der Ehrenkultur gab und dass diese tatsächlich größtenteils verschwunden sind. Das ging zwar nicht über Nacht, aber es geschah: In Europa sind Zwangsehen und Ehrenmorde tatsächlich fast überall abgeschafft worden, ja sogar völlig aus unserem Denken verschwunden. Die große Frage ist, wieso dies ausgerechnet auf dem christlichen Kontinent geschah und nicht anderswo.

Wenn wir an Hexen- und Judenverfolgungen, an Ketzerverbrennungen und Kreuzzüge denken, dann können wir uns schwer vorstellen, dass die mittelalterliche Kirche etwas Gutes an sich gehabt haben könnte. Es scheint, dass der Fortschritt gegen den Widerstand des Christentums und nur dank dessen Entthronung zustande kam. Doch dies zu glauben, wäre ein großer Irrtum. Die historischen Fakten zeigen ein ganz anderes Bild.

Zwar herrscht im modernen Europa der Eindruck, die Kirche habe sich damals prinzipiell gegen alles Neue und die moderne Wissenschaft gestellt. Aber dies ist eine verkürzte Darstellung der Vergangenheit. Wer Einzelkonflikte wie den Fall Galileo Galileis als Beleg nimmt, um dem Christentum generelle Wissenschaftsfeindlichkeit vorzuwerfen, hat die historischen Fakten gegen sich. Die meisten frühen Wissenschaftler betrachteten sich als überzeugte Christen, Kopernikus und Galilei eingeschlossen.

Es stimmt zwar, dass die Kirche des Mittelalters großenteils von der Ehrenkultur inklusive mancher trauriger Begleiterscheinungen beherrscht wurde. Doch konnten sich gerade Renaissance und Humanismus im christlichen Abendland entwickeln – zwei Bewegungen, die bei der Überwindung der Ehrenkultur eine große Rolle spielten. Entgegen der landläufigen Meinung stellen aufmerksame Historiker fest, dass die Kirche durchaus offen für die neuen Einflüsse war, viel offener jedenfalls als die Religionen der anderen Kontinente. Dies kann man schon alleine daran feststellen, dass es eine ganze Reihe sogenannter Renaissancepäpste gab, also Päpste, welche das humanistische Renaissancedenken förderten. Die großartigsten Renaissancegemälde findet man nicht selten in Kirchen und sogar im Herzen des Vatikans. Wer die Geschichte genau studiert, wird feststellen, dass die Kirche in der Kunst bei der Geburt der Renaissance als Pate zur Seite stand. Dies nicht zuletzt deswegen, weil viele der neuen Impulse, die nach dem Fall Konstantinopels nach Europa kamen und die Renaissance auslösten, aus der Ostkirche stammten und durch christliche Gelehrte weitergegeben wurden[125].

Praktisch jede große Erfindung, von der Glühbirne über das Telefon, von der Eisenbahn bis zum Flugzeug, vom Dynamo bis zum Laser, vom Mikroskop bis zur modernen Medizin, ist in den folgenden Jahrhunderten vom Westen ausgegangen. Die Frauen- sowie Sozialrechte, moderne Schulen und Forschungsinstitute haben diesem unscheinbaren Kontinent Europa eine Kultur mit derartiger Ausstrahlungskraft gegeben, dass seine Erfindungen die ganze Welt dauerhaft eroberten.

Während in anderen Erdteilen die Furcht, die Ehre der Götter zu verletzen, und die Angst vor der Rache der Dämonen immer noch jegliche objektive Erforschung der Natur verhinderte, begann sich in Europa bereits früh die moderne Naturwissenschaft zu entwickeln. Während die islamische Frau in manchen Ländern sogar bis heute ziemlich machtlos zusehen muss, wie ihr Ehemann auch gegen ihren Willen andere Frauen dazuheiraten oder sich nach Belieben scheiden lassen und ihr die Kinder wegnehmen kann, erhielten die europäischen Ehefrauen zum Teil schon vor Jahrhunderten ihre festen Rechte zugesichert[126]. Während die Welt von absoluten Herrschern regiert wurde, entstanden im Westen erste Demokratien.

Europa ist auf die ganze Welt gesehen nur ein kleiner Kontinent.

---

[125] Siehe eine ausführliche Darstellung dieses Standpunktes in Manfred Lütz: „Gott – Eine kleine Geschichte des Größten", Knaur Taschenbuch, München 2009, Seite 107 ff.

[126] Eine Gegenüberstellung der Frauenrechte in Christentum und Islam findet sich in Hiltrud Schröter: „Das Gesetz Allahs", Ulrike Helmer Verlag, Königstein/Taunus 2007.

Seine Landfläche beträgt gerade mal sieben Prozent der Erdoberfläche. Bodenschätze gibt es wenige, dafür mehrere unwegsame Gebirge, und der Norden leidet an winterlicher Kälte. Es gibt absolut nichts, was dieser Kontinent anderen Weltteilen voraushätte. Die frühen Hochkulturen lagen in Ägypten, Babylon und China. Zu ihrer Zeit waren die europäischen Völker noch völlig unterentwickelt. Und doch überflügelten schließlich die Länder dieses kleinen Erdteils alle anderen.

Was in unserem Kontinent geschah, ist jedenfalls einzigartig. Diese historische Tatsache hat der schottische Historiker Niall Ferguson auf mehr als fünfhundert Seiten überzeugend dargestellt und untersucht[127]. Ferguson ist einer der bekanntesten Wirtschaftshistoriker der Welt, im Time Magazine wurde er sogar zu den 100 einflussreichsten Persönlichkeiten gezählt. Demokratie, Wissenschaft, Wettbewerb, Medizin und Arbeitsmoral sind für Ferguson die fünf Pfeiler, dank derer der Westen die Kultur erschaffen konnte, welche die Welt für immer verändert hat.

Zwar wurden die wissenschaftlichen Bücher der alten Griechen zuerst ins Arabische übersetzt und dadurch für die Nachwelt bewahrt. In der Frühzeit des Islam gab es bedeutende arabische Wissenschaftler und Erfinder. Doch die islamische Welt konnte ihre Entdeckungen nicht bleibend nutzen, weil sie so sehr von der herrschenden Ehrenkultur begrenzt wurde. Sie hätte lange Zeit die Chance gehabt, zur führenden Weltkultur aufzusteigen. Doch zunehmend wurde alles Neue unterbunden.

Das hauptsächliche Vorbild, an das man sich halten musste, war der arabische Prophet, der um das Jahr 600 gelebt hatte. Alles andere wurde als Verfälschung, als Abkehr vom wahren Glauben betrachtet. Der Blick der islamischen Welt war deshalb meistens rückwärts gerichtet. Tausende von Hadithen waren es, welche immer und immer wieder einen freien Fortschritt des Denkens und damit auch der wis-

---

127 „Der Westen und der Rest der Welt", List Taschenbuch, Berlin 2011.

senschaftlichen Entwicklung behinderten. Dies wirkte sich auf allen Gebieten aus, sogar militärisch[128]. Obwohl die muslimischen Heere Europa mehrmals fast eroberten, geschah schließlich das Gegenteil. Es war das Reich der Türken, welches nach mehr als tausendjährigem Ringen zwischen den zwei Religionen von den Europäern erobert wurde. Der Grund dafür war, dass der Westen nach und nach dank seines wissenschaftlichen Fortschritts bessere Waffen entwickelt hatte. Der Osten dagegen verabscheute Neuerungen und blieb stehen. Diese Entwicklung im Westen wird in der arabischen Welt bis heute als Schande betrachtet. Anstatt den Westen deswegen zu verteufeln und auf Rache zu sinnen, wäre es viel sinnvoller, die tieferen Gründe für dessen Überlegenheit zu erforschen. Prinzipiell hindert die Ehrenkultur jeden Fortschritt, denn sie sieht Veränderungen als Respektlosigkeit gegenüber den Vorfahren und der Religion[129]. Innerhalb der Ehrenkultur ist es auch problematisch, dauerhafte Menschen- oder Frauenrechte zu entwickeln, denn der Grundpfeiler jenes Denkens besteht ja gerade aus der Überzeugung, dass Respektspersonen mehr Rechte erhalten müssen als andere. Jedes Aufbegehren wird mit sanfter oder – wenn nötig – brutaler Gewalt unterdrückt, und es gilt sogar als Fehler, dies nicht zu tun. Alle Fortschritte Europas sind nur dank der erstaunlichen und einzigartigen Überwindung ebendieser Barrieren möglich geworden, die bis heute in vielen Ländern bestehen.

Zurzeit des Mittelalters waren Europa und die islamische Welt vielleicht gleich tief in Ehrenkulturdenken versunken. Auch in der arabischen Welt gab es Aufklärer und Reformer. Die alten griechischen Schriften wurden erst später aus dem Arabischen ins Lateinische übersetzt. Aufklärung und Renaissance wurden den Muslimen zuerst angeboten, dann erst den Europäern. Dass es der Westen

---

[128] Details dazu siehe in „Der Westen und der Rest der Welt", Seite 122 ff.

[129] So soll etwa gegolten haben, dass Käfer acht Beine haben, wie Aristoteles dies gelehrt hatte. Wer nur sechs zählte, suchte den Fehler bei sich, denn es war nicht denkbar, dass der große Aristoteles sich geirrt haben konnte.

wurde, der das alte Denken überwand, und nicht der Osten, hat mit dem Unterschied zwischen Islam und Christentum zu tun.

Der Unterschied liegt darin, dass der christliche Glaube selbst ursprünglich ein Angriff gegen die Missbräuche der Ehrenkultur war. Dieser Aspekt blieb auch in seinen schlimmsten Zeiten untergründig vorhanden und er war es, der dem neuen Denken den Nährboden gab, auf dem es gedeihen konnte. Um dies verstehen zu können, ist es wichtig, die Persönlichkeit von Jesus von Nazareth vor dem Hintergrund der Ehrenkultur durchzudenken.

5. Ein verblüffendes Vorbild

Man könnte unter den Kämpfern gegen das Ehrenmorddenken sicher viele gute Vorbilder finden. Das beginnt wohl bei den Philosophen der alten Griechen, welche sich vom Ehrendenken ihres Volkes absetzten und dadurch die Fähigkeit gewannen, erstaunliche wissenschaftliche Erkenntnisse zu entwickeln. Der Eindrücklichste unter ihnen ist wohl Sokrates, der es sich angewöhnt hatte, radikal das Denken seiner Mitmenschen zu hinterfragen, egal wie sehr er damit die Zuhörer schockierte. Seine Methode war, nicht nur eine einzige Frage zu stellen, sondern in seinen philosophischen Gesprächen die Antworten so oft zu hinterfragen, bis plötzlich die ganzen hergebrachten Lebensanschauungen der Gesprächspartner infrage standen. Dies muss offenbar manche tief verletzt haben. Obwohl er kein Verbrechen begangen hatte, wurde er nämlich dazu verurteilt, einen Becher mit tödlichem Inhalt auszutrinken[130]. Tatsächlich hätte er fliehen

---

[130] Doch könnte bei seiner Verurteilung auch eine politische Komponente eine Rolle gespielt haben. Einige seiner Schüler mit Namen Alcibiades, Critias und Charmides hatten nämlich nach der Niederlage Athens im Jahre 404 v. Chr. zu den Dreißig Tyrannen gehört, die gegen eine Demokratie waren und Athen abhängig von Sparta machen wollten. Als die Demokraten wieder Macht erlangten, stuften sie die Lehren von Sokrates als antidemokratisch und gefährlich ein und klagten ihn an.

können, wählte aber den Gehorsam. Hauptanklagepunkt war Atheismus. Das meinte mangelnden Respekt für die Götter. Eine gewisse Distanz zu den Göttern, welche an der Spitze der Ehrenkultur mit ihrem blinden Gehorsam standen, war sicher nötig, um Ansätze zu wissenschaftlichem Denken entwickeln zu können. Aber trotz allem, was die Griechen an Wissenschaft und Erneuerung hervorbrachten, kamen sie doch nie zu dem Durchbruch, den das spätere Europa erlebte. Und das hat damit zu tun, dass es ihnen nicht gelang, das ganze Volk für diese Bewegung zu gewinnen. Ihre Wissenschaft blieb offenbar auf gewisse Außenseiterkreise beschränkt, während die Mehrheit des Volkes in der abergläubischen althergebrachten Religion stecken blieb, die nach wie vor vom Ehrendenken dominiert wurde.

Auch bei den Aufklärern finden sich später viele eindrückliche Persönlichkeiten. Und doch gibt es meines Erachtens keinen konsequenteren und tiefgründigeren Kämpfer gegen die Auswüchse der Ehrenkultur als der Mann, von dem die Evangelien in der Bibel erzählen. Was könnte für das Respektdenken verwirrender sein als ein Gott, der seine Ehre ablegt und Mensch wird? Und noch extremer: der sogar seine menschliche Ehre freiwillig verliert und sich zwischen zwei verachtungswürdigen Verbrechern an ein Kreuz nageln lässt?

Für jeden Liebhaber der Ehrenkultur muss es verstörend sein, das Neue Testament zu lesen. Das ganze Leben von Jesus ist offensichtlich darauf angelegt, dem Ehrengötzen den Krieg anzusagen. Mitten zwischen Dingen, die der Respektkultur als heilig gelten, wird ein Affront hineingemischt. Schon im Stammbaum von Jesus im ersten Kapitel des Matthäusevangeliums werden vier Frauen – und zwar allesamt nach damaliger Vorstellung mit Schande beladen – in die Liste der ehrwürdigsten Patriarchen und Könige eingereiht, als ob es das Normalste der Welt wäre. Huren und Ehebrecher finden sich in seinem Stammbaum. Bei seiner Geburt suchen die Weisen aus dem Morgenland den größten König aller Zeiten vergeblich im Schloss und finden ihn in einem Stall zwischen Esel und Rind. König Herodes wird alsbald als ein brutaler Kindermörder beschrieben. Priester und Theologen des Gottesvolkes werden durch Reden und Handeln von Jesus ein ums andere Mal bloßgestellt.

Nicht von Fürsten oder Hohepriestern ließ sich Jesus empfehlen, sondern von Johannes dem Täufer. Dieser war ein rauer Wüstenbewohner, der sich wie die Armen mit Kamelfellen bekleidete und Insekten aß. Doch ausgerechnet ihm soll Gott derartige Vollmacht gegeben haben, dass „das ganze jüdische Land und alle Leute von Jerusalem" zu ihm in die Wüste hinauspilgerten.

Und Jesus wurde nicht an einer renommierten Universität von hoch geachteten Professoren für seinen Dienst ausgebildet, sondern in der Wüste durch den Kampf mit dem verachteten Satan. Jesus erhielt kein Diplom, das ihn zum Pfarrer oder Prediger erklärte. Auch besaß er keinen Talar, der ihn als religiösen Lehrer ausgewiesen hätte. Trotzdem gab man ihm respektvoll die Gelegenheit, in der Synagoge zu sprechen. Doch welche Unverschämtheit! Er „missbrauchte" dieses Vertrauen, um zu erklären, dass sich die Prophezeiungen der respektablen Propheten auf ihn bezogen, obwohl er doch nur ein einfacher Handwerker zu sein schien. Um die Ehre Gottes zu retten, hätte man ihn damals fast schon umgebracht.

„Die Letzten werden die Ersten sein" ist ein Spruch von Jesus. Was dies in der Praxis bedeutet, zeigt sich in den sogenannten Seligpreisungen, welche den Beginn seiner öffentlichen Reden darstellen. Selig werden gemäß seinen Worten die (geistlich) Armen, die Trauernden, die Sanftmütigen, die Hungrigen und Durstigen nach Gerechtigkeit, die Barmherzigen und Reinherzigen, die Friedfertigen und sogar die Verfolgten.

Auch in den Gleichnissen von Jesus sind häufig diejenigen die Helden, von denen man es am allerwenigsten erwarten würde. So kommt der verachtete Zöllner[131] beim Gebet im Tempel besser weg als der fromme Pharisäer. Der arme Lazarus wird nach seinem Tod von Engeln direkt ins Paradies gebracht, während der reiche Mann

---

[131] Lukasevangelium 18,10 ff.

in der Hölle schmort. Ausgerechnet die sozial ganz unten stehende Witwe, die niemanden hat, der für sie eintritt, gelingt es, den ungerechten Richter umzustimmen.[132] Und in Matthäus 21,28 wird derjenige Sohn gelobt, welcher dem Vater zuerst ungebührlich den Gehorsam verweigert, dann aber bereut und den Worten des Vaters folgt, und nicht der andere, der Respekt zeigt, indem er verspricht zu gehen, dann aber nichts tut. Die Anwendung des Gleichnisses ist empörend: „Die Zöllner und Huren kommen eher ins Reich Gottes als ihr." Dies sagte Jesus ausgerechnet zu den „Hohepriestern und Ältesten" des Volkes!

In einem anderen Gleichnis kritisiert er offen diejenigen, welche bei einer Hochzeitsfeier nach den Ehrenplätzen streben.[133] Bei der königlichen Hochzeit im Matthäusevangelium 22 lässt er die ursprünglich vorgesehenen noblen Gäste ausladen, die seine Einladung verachtet hatten, und an deren Stelle die Armen und Blinden, Krüppel und Lahmen in seinem Schloss verwöhnen. Wie im Matthäusevangelium 19,24 beschrieben ist es einfacher, dass ein Kamel durch ein Nadelöhr geht, als dass ein Reicher ins Reich Gottes kommt. Dabei sind im Ehrendenken doch die Reichen die Ehrwürdigen.

Das damalige Nachbarvolk der Juden, die Samariter, war bei den Juden zutiefst verachtet. Dass Jesus in einem Gleichnis ausgerechnet den Samariter zum Helden erhebt, den jüdischen Priester und dessen Gehilfen dagegen als herzlos darstellt, ist eine tiefe Beleidigung der höchsten Respektspersonen seines eigenen Volkes. Derartige Angriffe mussten dazu führen, dass der Ehrenmord an ihm in ihren Augen unumgänglich wurde.[134]

Jesus berief Levi, einen mit Schande beladenen Zöllner, in seinen Jüngerkreis und nahm bei diesem zu Hause an einem Fest teil. Die Konservativen entsetzten sich, dass er sich mit derart ehrlosen Men-

---

[132] Lukasevangelium 18,1 ff.

[133] Lukasevangelium 14,7 ff.

[134] Lukasevangelium 10,25-36.

schen einließ. „Wie kann er mit Zöllnern und Sündern essen?", empörten sie sich.[135] Seine Antwort war: „Nicht die Gesunden benötigen einen Arzt, sondern die Kranken." Damit zeigte er, dass er die aus der Ehrengesellschaft Ausgestoßenen nicht als schändlich betrachtete, sondern als hilfsbedürftig.

Gott als Mensch – bis heute unvorstellbar sowohl für Juden wie für Muslime. Aber warum eigentlich? Weil es als Schande gilt, den Schöpfer des Weltalls, den man im Lobpreis erhebt, derart klein zu machen. Und doch ist es gerade das, was die Evangelien mit zunehmender Deutlichkeit herausarbeiten. Und sie verstecken nicht, dass sogar die engsten Freunde von Jesus ihre liebe Mühe mit dieser Entwicklung hatten.

In den Augen der religiösen Führer seiner Zeit galt Jesus schon allein als unglaubwürdiger Lehrer, weil er aus Nazareth kam statt aus Jerusalem. Die Evangelien erzählen, dass Jesus in den Gesprächen mit der scheinheiligen religiösen Lobby sehr schlagfertig war. Er „stopft ihnen den Mund", wie Matthäus in Kapitel 22,34 erklärt. Was das wohl in einer Ehrenkultur bedeutet, wenn ein lediger und umherwandernder ehemaliger Schreiner den geachteten Würdenträgern des Volkes „den Mund stopft"?

Auch in seiner Verkündigung griff Jesus althergebrachte Denkweisen an. Schon in der ersten Predigt warnte er eindringlich davor, andere zu verurteilen. Genau dieses richtende Denken ist ja die Grundlage aller Ehrenmorde. „Du Heuchler, zieh zuerst den Balken aus deinem eigenen Auge, und dann zieh den Splitter aus deines Bruders Auge", wies er die Zuhörer recht unfreundlich an. Das sind Worte, die jedem selbst ernannten Rächer den Wind aus den Segeln nehmen können.

Und diese Linie zog er konsequent durch. So etwa an dem Tag, als man eine Frau zu ihm brachte, die beim Ehebruch ertappt worden war. Gemäß dem Gesetz des Moses sollte sie gesteinigt werden. Das

---

[135] Markusevangelium 2,13-17.

war die vorherrschende Meinung. Schließlich war sie ja durch ihre Tat ein „Schandfleck" geworden. Geschah ihr recht, sie hätte sich das halt vorher überlegen müssen, so dachten die Leute. Interessanterweise stritt Jesus nicht mit den Anklägern über ihr Verständnis von Schande oder fragte nach dem beteiligten Mann, sondern hinterfragte ihr Recht zu richten: „Wer ohne Sünde ist, werfe den ersten Stein." Damit hatte er den Spiegel der Selbstprüfung aufgeklappt! Darauf ließen sie einer nach dem anderen ihre Steine sinken und gingen weg. Damit zeigte Jesus, dass kein Mensch würdig ist, an die Stelle Gottes zu treten und das Todesurteil zu vollstrecken. Allein diese einzige geniale Geschichte genügt, um bei denjenigen, welche sie ernst nehmen, die ganze Idee der Ehrenmorde für alle Zeiten zu begraben.

Je ehrenbetonter eine Kultur ist, desto mehr tendiert sie zum Chaotischen. Es ist fast unmöglich, Gesetze aufrechtzuerhalten, wenn verschiedene Schichten von Respektspersonen dauernd Anrecht auf Spezialbehandlung erhalten. Die Römer verdankten den Erfolg ihres Staates nicht zuletzt dem Umstand, dass es ihnen gelang, allgemein gültige Gesetze durchzusetzen. Das heißt allerdings nicht, dass es bei ihnen kein Ehrendenken gegeben hätte. So mussten besiegte Feinde unter einem Joch durchgehen. Ein ziemlich spezielles Element römischer Ehrenkultur war, dass sie nach militärischen Siegen sogenannte Triumphzüge nach Rom durchführten. Dazu gehörte die Kreuzigung vieler Kriegsgefangenen entlang des Weges zur Hauptstadt. Die Kreuzigung war dabei mehr als nur eine schlimme Strafe. Sie war ein Ausdruck der größten Verachtung. Damit sollte ein Mensch oder ein ganzes Volk nicht nur physisch zerstört, sondern auch sein Ruf für immer in den Dreck gestoßen werden.

Jesus stellt aber auch dieses Denken auf den Kopf. Paradoxerweise spricht er von seiner „Erhöhung", wenn er die kommende Kreuzigung meint (Johannes 3,14). Es ist einfach, Waffen zu ergreifen und andere umzubringen. Was soll daran Ehrenwertes sein, sich von den niedrigsten menschlichen Trieben mitreißen zu lassen und Menschenleben zu zerstören? Doch diesem Drang zu widerstehen, ist gemäß seinem völlig neuartigen Denken ehrbar. Nicht wer seine Feinde in den Dreck stößt, sondern wer sie liebt, nicht wer andere kreuzigt, sondern derjenige, der unschuldig gekreuzigt wird, verdient es gemäß Jesu Verkündigung und Vorbild, geehrt zu werden.

Die jüdischen Hohepriester hätten Jesus in einer dunklen Ecke erstechen oder steinigen lassen können, so wie sie es wenig später mit Stephanus und anderen Christen taten. Doch sie verwendeten viel Energie darauf, die Römer zu überzeugen, dass sie ihn kreuzigen müssten. Das ist eigentlich erstaunlich, denn es passt gar nicht zur jüdischen Kultur. Der Grund war gemäß Johannes 19,7, dass er sich als Gottes Sohn bezeichnet hatte. Er habe sich damit Gott gleichgestellt und ihn gelästert. Die Priester waren also bemüht, sich auf Gottes Seite zu stellen und dessen Ehre wiederherzustellen, indem sie Jesus nicht nur irgendwie aus dem Weg räumten, sondern ihn derart gründlich in den Dreck zogen, wie es nur bei einer Kreuzigung möglich war. Der Gekreuzigte gilt nämlich als von Gott Verfluchter. Damit wollten sie nicht nur Jesus, sondern auch seine Lehren ein für alle Mal sterben lassen.

Doch die Bibel behauptet, dass es eben dieser Gott war, der Jesus von den Toten auferweckte. Wenn die Kreuzigung also ein Skandal war, so steht die Auferstehung für den totalen Triumph und die Rechtfertigung dessen, der vermeintlich für immer untergegangen war. Wenn Gott es war, der Jesus auferweckte, dann verurteilte er damit den Ehrenmord und die Ehrenmörder, die sich nicht länger auf ihn berufen konnten. Deutlicher kann man es wohl nicht mehr sagen.

Aus den gleichen Gründen, aus denen die religiöse Lobby Jesus verfolgte, hasste auch ein jüdischer Gelehrter namens Paulus bald darauf dessen Jünger. Diese waren in seinen Augen ehrlos, weil er meinte, sie hätten einen Menschen zum Sohn Gottes gemacht und damit die Ehre Gottes verletzt. Er glaubte, dass die Gegenwart von Christen die Reinheit seines Volkes beeinträchtigte. Deshalb verfolgte er sie bis aufs Blut. Doch später gelangte er zu einer ganz anderen Sicht der Dinge und wurde zum größten christlichen Apostel. Er zeigte in deutlichen Worten, wie der Glaube an Jesus dem Ehrendenken zuwiderläuft.

Im ersten Korintherbrief[136] stellt Paulus fest, dass es in der christlichen Kirche nicht viele Mächtige, Vornehme und aus menschlicher Sicht Weise gebe, denn „das Törichte der Welt hat Gott auserwählt, damit er das Starke zuschanden mache. Und das Unedle der Welt und das Verachtete hat Gott auserwählt, das, was nichts ist, damit er das, was ist, zunichtemache, damit sich vor Gott kein Fleisch rühme." Gemäß Kapitel 2,1 ff. geht es nicht an, die christliche Botschaft mit denjenigen Mitteln zu verkünden, die auf dieser Welt als ehrbar gelten, sondern „ich nahm mir vor, nichts anderes unter euch zu wissen als nur Jesus Christus, und ihn als gekreuzigt. Und ich war bei euch in Schwachheit und mit Furcht und in vielem Zittern, und meine Rede und meine Predigt bestand nicht in überredenden Worten der Weisheit ..."

Im zweiten Brief an die Korinther[137] erklärt er: „Wenn gerühmt werden muss, dann will ich mich meiner Schwachheit rühmen." Und damit verbunden zählt er alle seine Leiden auf, als wären sie Orden: „Oft war ich in Nöten, oft in Gefängnissen, wurde geschlagen und war in Todesgefahr. Von den Juden habe ich fünfmal vierzig Schläge weniger einen bekommen. Dreimal wurde ich mit Ruten geschlagen, einmal gesteinigt, dreimal habe ich Schiffbruch erlitten, einen Tag und eine Nacht habe ich in Seenot zugebracht; oft auf Reisen, in Gefahren von Flüssen, in Gefahren von Räubern, in Gefahren von meinem Volk, in Gefahren von fremden Völkern, in Gefahren in der Stadt, in Gefahren in der Wüste, in Gefahren auf dem Meer, in Gefahren unter falschen Brüdern; in Mühe und Beschwerden, oft in schlaflosen Nächten, in Hunger und Durst, im Fasten, in Kälte und Blöße ... Wer ist schwach, und ich bin nicht auch schwach?"

---

[136] 1. Korintherbrief 1,26-29.
[137] 2. Korintherbrief 11,30.

Wer die Geschichte studiert, stellt fest, dass die ersten Jünger von Jesus während dreihundert Jahren immer wieder verfolgt wurden. Sie ließen sich in den römischen Arenen den Löwen vorwerfen und lebendig verbrennen, ohne je zur Rache aufzurufen, und waren nicht bereit, falsche Kompromisse mit der gewaltlosen Lehre ihres Retters zu machen[138].

Jesus, der die Schande des Kreuzes gering achtete, hatte ein ganz neues Denken in sie gepflanzt: Sie betrachteten es als Ehre, ganz wie er für die Wahrheit zu leiden und zu sterben. Wenn schon Jesus selbst beschuldigt wurde, von Sinnen zu sein, so waren auch seine echten Jünger dazu bereit, sich als verrückt abstempeln zu lassen. Tatsächlich haben sie mit dieser scheinbar utopischen Lehre des gewaltlosen Jesus die damalige Welt auf den Kopf gestellt. Bis zum Jahr 330 waren um die zehn Prozent aller Einwohner des Römischen Reiches Jünger von Jesus geworden, Menschen also, die ein ganz anderes Verständnis von Ehre und Schande hatten als ihre Umgebung. Leider hat später der größte Teil der Kirche diesen Weg der Gewaltlosigkeit verlassen und erst nach Jahrhunderten mithilfe der Humanisten wieder zurückgefunden.

Auch wenn die ersten Christen verleumdet, verraten, gehasst, bestohlen oder getötet wurden, so betrachteten sie es nicht als Pflicht, ihre Ehre durch Rache wiederherzustellen. Da sie für ein Reich lebten, das über der Gewaltstruktur der Welt steht, waren sie bereit, sowohl ihre Besitztümer als auch ihre Ehre und sogar ihr Leben zu verlieren. Sie versuchten nicht, sich selbst zu rächen, sondern suchten ihre Gerechtigkeit im Reich der Liebe, das „nicht von dieser Welt" ist. Ihre Ehre bestand darin, die Feinde zu lieben, für diejenigen zu beten, die sie verfolgten, und zu segnen, wer sie verfluchte.

Vielleicht habe ich bis hierhin den Eindruck erweckt, dass Jesus alles tat, um die Ehrenkultur von Grund auf zu zerstören. Doch dem

---

[138] Für eine ausführliche Beschreibung der Verfolgungen der ersten Jahrhunderte siehe: http://de.wikipedia.org/wiki/Christenverfolgungen_im_Römischen_Reich

ist nicht so. Er kämpfte wohl gegen viele, aber nicht alle Aspekte der Ehrenkultur. So sagte er beispielsweise nie etwas Abschätziges über die früheren Propheten, sondern zitierte sie sehr ehrfurchtsvoll. „Ihr sollt nicht meinen, dass ich gekommen sei, um das Gesetz und die Propheten aufzulösen", erklärte er in der Bergpredigt. „Denn wahrlich, ich sage euch: Bis Himmel und Erde vergangen sind, wird nicht *ein* Buchstabe noch ein einziges Strichlein vom Gesetz vergehen, bis alles geschehen ist." Wenn er gegen alles Althergebrachte hätte rebellieren wollen, hätte er sich nicht prinzipiell Josef und Maria untergeordnet noch sich von Johannes taufen lassen. Er lebte als Jude unter dem Gesetz des Mose wie alle anderen auch. Nur dort, wo er es um Gottes und der Menschen willen für nötig hielt, stellte er das Gebot der Liebe über die kulturellen Zwänge. Er aß wie alle guten Juden kein Schweinefleisch, pilgerte bei jedem Fest nach Jerusalem und hielt sich auch sonst an alle Forderungen der jüdischen Kultur. Trotzdem ertrug diese ihn nicht. Denn man betrachtete ihn durch die Ehrenbrille, durch die man nur seine „Fehler" wahrnahm. Deshalb wurde derjenige gerichtet, der vor dem Richten warnte.[139]

Sie richteten Jesus so, wie bis heute Millionen Unschuldige verurteilt werden und ihr Leben zerstört wird. Und sie fühlten sich dabei auch nicht schuldig, sondern riefen selbstbewusst: „Sein Blut komme über uns und unsere Kinder."[140] Er aber dachte nicht etwa an Blutrache, sondern bat für sie: „Vater, vergib ihnen, denn sie wissen nicht, was sie tun."[141] Bis zum letzten Atemzug tat er das Gegenteil dessen, was seine Kultur ihm eigentlich vorschrieb.

Die Evangelien schildern uns Jesus als einzigartigen und gewaltlosen Vorkämpfer gegen alle Auswüchse der Ehrenkultur. Sie bilden damit eine Fundgrube von Texten und Ideen für jeden, der praktisch lernen will, wie man in diesen Kampf einsteigen und doch die positi-

---

[139] Matthäusevangelium 7,1.
[140] Matthäusevangelium 27,25.
[141] Lukasevangelium 23,34.

ven Seiten der Ehrenkultur beibehalten kann, um nicht in Respektlosigkeit und sinnloser Rebellion zu versinken.

Jesus sprach oft von dem Reich, das er gründen wollte: „Mein Reich ist nicht von dieser Welt. Wenn es so wäre, hätten meine Leute für mich gekämpft, als ich verhaftet wurde. Aber mein Königreich ist nicht von dieser Welt.“[142] In seinem Reich seien nicht nur Gewalt und Machtansprüche kontraproduktiv, sondern auch die Geldgier. Praktisch alle Aussagen von Jesus über sein Reich sind eine deutliche Absage an die falschen Prioritäten der Ehrenkultur, in der in der Regel die Reichen, Mächtigen, Erfolg- und Kinderreichsten als die Respektabelsten gelten. So heiratete Jesus nicht, was in der Ehrenkultur große Schande mit sich bringt. Er hatte aber geistliche Kinder, für die er liebevoll sorgte.

Die Demut von Jesus prägte die neu entstehende Kirche über Jahrhunderte. Trotzdem begannen eines Tages die Großen und die Reichen in ebendiese Kirche einzutreten, als hätte Jesus seine deutlichen Warnungen nie ausgesprochen. Zu diesen gehörte auch der römische Kaiser Konstantin der Große, welcher sich im Jahr 312 überraschend dem Christentum zuwandte, weil er glaubte, nur aufgrund der Hilfe von Jesus die entscheidendste Schlacht seines Lebens gewonnen zu haben. Damit begann die Konstantinische Wende, das Ende der Christenverfolgung und der Anfang der Christianisierung des ganzen Römischen Reiches.

Eine der positiven Folgen dieser Wende war beispielsweise die Abschaffung der Kreuzigung. Doch ich habe trotzdem meine großen Fragezeichen zur Person Konstantins. Ich vermute sehr, dass er nicht Christ wurde, um Jesus als seinen Herrn anzunehmen, sondern weil er glaubte, dass er dessen Namen und Wunderkräfte für seine eigene Karriere nutzen könne.

Auch wenn der Kaiser sich stolz „der dreizehnte Apostel“ nannte, so gab es einen himmelweiten Unterschied zwischen ihm und den

---

[142] Johannesevangelium 18,36.

Aposteln von Jesus, die als die ersten Nachfolger drei Jahre mit dem „Fürst des Friedens"[143] zusammenlebten und eine grundlegende Veränderung ihres Denkens durchmachten.

Für die ersten Nachfolger stand die Botschaft vom Reich der Liebe im Zentrum, und dafür waren sie bereit, ihr Leben zu geben. Kaiser Konstantin[144] hingegen war vom Geist der Macht und Gewalt getrieben. Er missbrauchte den Namen des friedliebenden Jesus, um seine weltlichen Siege zu erringen, und sein Glaube hinderte ihn nicht daran, grausame Taten zu begehen, um sich den Thron zu sichern[145].

Beachtenswert ist, dass Jesus nicht sagte, es sei schwer, dass ein Reicher in die *Kirche* eintrete, sondern in das *Reich der Himmel*. Kirchenmitglied oder ein Bewunderer von Jesus zu werden, ist relativ einfach. Aber das ist leider noch lange keine Garantie dafür, dass jemand auch im Reich der Liebe dazugehört, in das die vermeintlich Ehrlosen eher eintreten als ihre Verächter.

Ganz ähnlich wie Konstantin ging es noch anderen Königen. So gelobte etwa der fränkische König Chlodwig I. 496 mitten in der Schlacht von Zülpich, dass er sich taufen lassen werde, falls er diesen Krieg gewinne. So geschah es denn auch und damit war sein ganzes Volk automatisch auch „christlich" geworden. Und da das Fränkische Reich nach dem Fall Roms einen Großteil Europas umfasste, wurde so ziemlich unser ganzer Kontinent in die Kirche integriert. Eine Kirche[146], die großenteils auf organisatorischen Strukturen, Respekt- und Machtverhalten beruhte und sich viel zu wenig darum

---

[143] Jesaja 9,5.

[144] Über die Persönlichkeit von Kaiser Konstantin sind die Meinungen auch unter Historikern geteilt. Ich schreibe hier meine persönliche Sicht.

[145] Bekannt wurden die Verwandtenmorde von 326, als Konstantin seinen ältesten Sohn Crispus und seine eigene Ehefrau Fausta hinrichten ließ.

[146] Es ist hier nicht meine Absicht, irgendjemanden zu beurteilen, sondern zu verstehen, was in der Geschichte geschah. Wir haben trotz allem der mittelalterlichen Kirche vieles zu verdanken und es nützt niemandem, die Fehler der früheren Jahrhunderte der heutigen Kirche vorzuwerfen.

kümmerte, dass Jesus eine Lehre der Liebe und Gewaltlosigkeit vertreten hatte. Ganz im Gegenteil – wer damals die hierarchischen Strukturen der offiziellen Kirche hinterfragte, war suspekt. „Siehe, ich sende euch wie Lämmer mitten unter die Wölfe"[147]. Dies waren einst die Worte von Jesus an seine Jünger gewesen. Es ist klar, was die Wölfe mit den Schafen machen werden. Unter den Mächtigen dieser Welt sind konsequente Jünger von Jesus scheinbar genauso chancenlos wie Unbewaffnete unter Räubern. Das ist schon seit zwei Jahrtausenden so. Wer die Liebe zu den Entehrten und die Gewaltlosigkeit von Jesus konsequent lebt, der riskiert, verachtet, verspottet, verfolgt und ausgelöscht zu werden, und zieht scheinbar das schlechtere Los. Doch der Schein trügt. So wird auch heute die Entscheidung nur scheinbar auf militärischer Basis herbeigeführt. „Gewalt ist die Waffe des Schwachen."[148] Langfristig wird der gewinnen, der die besseren inneren Qualitäten hat. Jesus, der die westliche Welt von der Ehrenkultur befreite, gilt im Islam als großer Prophet. So kann er auch in der islamischen Kultur ein falsch verstandenes Ehrendenken überwinden, wenn Menschen sich auf die tiefere Bedeutung von Jesus und seine gewaltfreie Lehre besinnen.

---

[147] Lukasevangelium 10,3.

[148] Mahatma Gandhi, gewaltloser Freiheitskämpfer und Führer der indischen Unabhängigkeitsbewegung. Als Pazifist und Hindu war Gandhi von der Bergpredigt von Jesus inspiriert: „Ich werde den Hindus sagen, dass ihr Leben unvollständig ist, wenn sie nicht ehrerbietig die Lehren Jesu studieren."

Anhang

Für Fragen, Unterstützung in Notsituationen und Vernetzung Gleichdenkender können Sie sich für die Schweiz an folgende Adressen wenden:
Ehrenmord.Zwangsheirat@gmx.ch
www.newnet.ch
www.facebook.com/ehrenmorde

Spenden zur Unterstützung des Hilfsangebotes für von Ehrenmord und Zwangsheirat Bedrohte erbeten auf folgendes Konto:
Postkonto PC 80-28590-4
IBAN CH72 0900 0000 8002 8590 4
BIC POFICHBEXXX
Vermerk: Ehrenmord

Weitere Adressen, wo Betroffene Hilfe bekommen

- www.zwangsheirat.de (von der Organisation Terre des Femmes)
- www.zwangsheirat.ch
- Papatya: Anonyme Kriseneinrichtung für Mädchen und junge Frauen mit Migrationshintergrund (Türkischer Frauenverein) www.sibel-papatya.org
- Fachberatungsstelle gegen Zwangsheirat www.maedchenhaus-bielefeld.de
- Hilfsorganisation von Sabatina James für den Schutz von Mädchen und Frauen vor islamistischer Gewalt www.sabatina-ev.de Beratung: info@sabatina-ev.de

- Zentrale Informationsstelle autonomer Frauenhäuser Deutschland:
  www.autonome-frauenhaeuser-zif.de
- Frauenhauskoordinierung Deutschland:
  www.frauenhauskoordinierung.de
- Dachorganisation der Frauenhäuser der Schweiz:
  www.frauenhaus-schweiz.ch
- Autonome Frauenhäuser in Österreich:
  www.aoef.at
- Frauenhelpline gegen Gewalt:
  www.frauenhelpline.at
- Forum für einen fortschrittlichen Islam:
  www.forum-islam.ch
- www.hilfetelefon.de

INTERKULTURELLE DIENSTE

MEOS ist ein nicht kommerziell orientierter Verein, der sich in den vergangenen 50 Jahren zu einem Kompetenzzentrum für Immigration entwickelt hat. Die Ursprünge von MEOS liegen in der Gastarbeiter-problematik der 1960er-Jahre. Damals kümmerte sich die Organisation um die Saisonniers aus Italien. In der Zwischenzeit haben sich die Herausforderungen markant verändert. Menschen aus ganz unterschiedlichen Kulturen, Sprachen und Religionen leben heute in Europa. MEOS arbeitet in ganz verschiedenen Arbeitszweigen wie zum Beispiel im Asylwesen oder in Gefängnissen. Mit Deutschkursen, aber auch mit Hilfsgütern erhalten Ausländer ganz praktische Unterstützung. MEOS vernetzt Kirchen und andere karitative Organisationen in der Migrantenarbeit und fördert eine ganzheitliche gesellschaftliche Integration. Grundlage dieses karitativen Engagements bildet die von Jesus in den Evangelien vorgelebte Nächstenliebe.

Kurt Beutler ist bei MEOS als interkultureller Berater für arabisch sprechende Ausländer tätig.

MEOS
Hirzenbachstrasse 102
CH-8051 Zürich
Tel: 044 320 00 40
Geschäftsführer: Pietro Canonica
Tel: 044 320 00 44
E-Mail: pietro.canonica@meos.ch

www.meos.ch